"十四五"国家重点出版物出版规划项目

★ 转型时代的中国财经战略论丛 ◢

我国利用国际产能合作
化解制造业产能过剩矛盾研究

Research on International Capacity Cooperation to
Resolve Manufacturing Overcapacity in China

张 洪 著

中国财经出版传媒集团

经济科学出版社
Economic Science Press

图书在版编目（CIP）数据

我国利用国际产能合作化解制造业产能过剩矛盾研究/
张洪著 . —北京：经济科学出版社，2021.9
（转型时代的中国财经战略论丛）
ISBN 978 - 7 - 5218 - 2887 - 0

Ⅰ.①我⋯　Ⅱ.①张⋯　Ⅲ.①制造工业 - 生产过剩 -
研究 - 中国　Ⅳ.①F426.4

中国版本图书馆 CIP 数据核字（2021）第 189446 号

责任编辑：李一心
责任校对：易　超
责任印制：范　艳

我国利用国际产能合作化解制造业产能过剩矛盾研究
张　洪　著
经济科学出版社出版、发行　新华书店经销
社址：北京市海淀区阜成路甲 28 号　邮编：100142
总编部电话：010 - 88191217　发行部电话：010 - 88191522
网址：www. esp. com. cn
电子邮箱：esp@ esp. com. cn
天猫网店：经济科学出版社旗舰店
网址：http://jjkxcbs. tmall. com
北京季蜂印刷有限公司印装
710×1000　16 开　11 印张　180000 字
2021 年 12 月第 1 版　2021 年 12 月第 1 次印刷
ISBN 978 - 7 - 5218 - 2887 - 0　定价：45.00 元
（图书出现印装问题，本社负责调换。电话：010 - 88191510）
（版权所有　侵权必究　打击盗版　举报热线：010 - 88191661
QQ：2242791300　营销中心电话：010 - 88191537
电子邮箱：dbts@ esp. com. cn）

总　序

　　《转型时代的中国财经战略论丛》是山东财经大学与经济科学出版社合作推出的"十三五"系列学术著作，现继续合作推出"十四五"系列学术专著，是"'十四五'国家重点出版物出版规划项目"。

　　山东财经大学自2016年开始资助该系列学术专著的出版，至今已有5年的时间。"十三五"期间共资助出版了99部学术著作。这些专著的选题绝大部分是经济学、管理学范畴内的，推动了我校应用经济学和理论经济学等经济学学科门类和工商管理、管理科学与工程、公共管理等管理学学科门类的发展，提升了我校经管学科的竞争力。同时，也有法学、艺术学、文学、教育学、理学等的选题，推动了我校科学研究事业进一步繁荣发展。

　　山东财经大学是财政部、教育部、山东省共建高校，2011年由原山东经济学院和原山东财政学院合并筹建，2012年正式揭牌成立。学校现有专任教师1688人，其中教授260人、副教授638人。专任教师中具有博士学位的962人。入选青年长江学者1人、国家"万人计划"等国家级人才11人、全国五一劳动奖章获得者1人，"泰山学者"工程等省级人才28人，入选教育部教学指导委员会委员8人、全国优秀教师16人、省级教学名师20人。学校围绕建设全国一流财经特色名校的战略目标，以稳规模、优结构、提质量、强特色为主线，不断深化改革创新，整体学科实力跻身全国财经高校前列，经管学科竞争力居省属高校领先地位。学校拥有一级学科博士点4个，一级学科硕士点11个，硕士专业学位类别20个，博士后科研流动站1个。在全国第四轮学科评估中，应用经济学、工商管理获B＋，管理科学与工程、公共管理获B－，B＋以上学科数位居省属高校前三甲，学科实力进入全国财经高校前十。工程学进入 ESI 学科排名前 1%。"十三五"期间,我校聚焦内涵式发展,全面实施了科研强校战略,取得了一定成绩。获批国家级课题项目 172 项,教育部及其他省部级课题项目 361 项,承担各级各类横向课题 282 项;教师共发表高水平学术论文 2800 余篇,出版著作 242 部。同时,新增了山东省重点实验室、省重点新型智库和研究基地等科研平台。学校的发展为教师从事科学研究提供了广阔的平台,创造了更加良好的学术生态。

"十四五"时期是我国由全面建成小康社会向基本实现社会主义现代化迈进的关键时期,也是我校进入合校以来第二个十年的跃升发展期。2022 年也将迎来建校 70 周年暨合并建校 10 周年。作为"十四五"国家重点出版物出版规划项目,《转型时代的中国财经战略论丛》将继续坚持以马克思列宁主义、毛泽东思想、邓小平理论、"三个代表"重要思想、科学发展观、习近平新时代中国特色社会主义思想为指导,结合《中共中央关于制定国民经济和社会发展第十四个五年规划和二〇三五年远景目标的建议》以及党的十九届六中全会精神,将国家"十四五"期间重大财经战略作为重点选题,积极开展基础研究和应用研究。

与"十三五"时期相比,"十四五"时期的《转型时代的中国财经战略论丛》将进一步体现鲜明的时代特征、问题导向和创新意识,着力推出反映我校学术前沿水平、体现相关领域高水准的创新性成果,更好地服务我校一流学科和高水平大学建设,展现我校财经特色名校工程建设成效。通过对广大教师进一步的出版资助,鼓励我校广大教师潜心治学,扎实研究,在基础研究上密切跟踪国内外学术发展和学科建设的前沿与动态,着力推进学科体系、学术体系和话语体系建设与创新;在应用研究上立足党和国家事业发展需要,聚焦经济社会发展中的全局性、战略性和前瞻性的重大理论与实践问题,力求提出一些具有现实性、针对性和较强参考价值的思路和对策。

山东财经大学校长

2021 年 11 月 30 日

前　言

改革开放四十多年来，中国经济发展取得了举世瞩目的成就。与此同时，长期依赖要素驱动的粗放型增长方式也造成了制造业产能过剩的"顽疾"。产能过剩带来企业经营困难、政府财政收入下降等弊病，长期制约着中国制造业转型升级和宏观经济的高质量发展，如何平稳有效地化解产能过剩是新常态下中国经济良性发展面临的重要现实问题。国际产能合作既符合世界经济发展的一般规律，又契合中国和"一带一路"沿线国家的需求，为中国产能过剩的治理提供了新思路和新方向。在此背景下，本书聚焦利用国际产能合作化解制造业产能过剩这一研究命题，沿着"提出问题—问题考察—理论界定和实证检验—方案设计—政策建议"的完整链条展开研究。旨在考察和判定中国制造业产能过剩情况，检验国际产能合作化解产能过剩的实际效果和作用机制，规划和匹配过剩行业的投资目标区位，并思考如何最大化发挥国际产能合作化解产能过剩的作用，为中国积极稳妥地去产能提供新的思路和可行性参考。本书主要完成了以下工作：

（1）对中国制造业产能过剩情况进行测度，明确判定哪些行业存在过剩。

准确判断过剩行业是有效治理产能过剩的前提，本书采用随机前沿生产函数法测度了 2007～2018 年中国制造业 24 个细分行业的产能利用率。测度结果表明，无论是从整个样本的均值还是随时间的变化趋势上，中国制造业长期存在产能过剩问题。从制造业分行业来看，共有 9 个行业产能过剩：非金属矿物制品业、石油/煤炭及其他燃料加工业、黑色金属冶炼和压延加工业、造纸和纸制品业 4 个行业为严重过剩；有色金属冶炼和压延加工业、通用设备制造业、食品制造业、农副食品加工业、医药制造业 5 个行业为一般性过剩。

（2）构建国际产能合作化解产能过剩的理论框架，并对化解效果和机制进行检验。

从理论分析上，国际产能合作化解产能过剩的路径主要有直接渠道、出口中介渠道和技术进步中介渠道。从经验检验上，利用倾向得分匹配法为 2009～2013 年对外直接投资的企业找到具有可比性的对照组，运用倍差法进行检验，验证了中国企业通过开展对外直接投资可以缓解产能过剩，稳健性检验也得出了相同的结论。通过机制检验发现，出口和技术进步都起到了部分中介作用，同时证实了直接渠道的存在。为了进一步揭示国际产能合作化解产能过剩的规律和特点，本书还进行了滞后检验和 6 种异质性检验。

（3）制定科学的评价指标体系，对过剩行业国际产能合作目标国进行匹配。

以共生思想为指导，从共生单元耦合性、共生模式稳定性和共生环境友好性三个维度选取指标，构建评价指标体系。把产能过剩的 9 个制造行业按生产要素投入和产业特点的不同分成 6 组，以"一带一路"沿线国家为评价对象，选取 2013～2017 年的面板数据，采用"熵权＋层次分析"改进 TOPSIS 综合评价模型，按组别进行独立的投资环境综合评价，对评价结果进行排序，并重点分析了投资环境排名靠前的国家。

（4）思考如何高效地化解产能过剩，提出针对性的对策建议。

遵循"指导思想—顶层设计—协调支撑—微观实施"的架构，本书提出利用国际产能合作化解制造业产能过剩矛盾的对策和建议。建议以共生理论作为指导思想，认清国际产能合作特点及未来发展趋势，建立合理的共生利益分配机制和高效的共生环境优化机制；顶层设计上，优先鼓励过剩产能"走出去"，分行业规划海外投资布局，合理有序引导企业到投资环境好、投资风险低、产业契合度高的国家投资；政策协调上，积极建立以产能合作为核心的地区经济一体化组织，并加强双边和多边协调机制的作用；政策支持上，应完善金融支持体系，加强财政税收政策支持；企业实施上，做好充分的市场准备，制定合理的投资战略，建立风险防控机制，积极引进先进技术，努力扩大出口。

目　录

第1章 引 言

1.1 研究背景

改革开放以后，中国经济长期受劳动力、资本、资源三大传统要素驱动发展，从 1978~2017 年，中国 GDP 按不变价计算增长了 33.5 倍，年均增速 9.5%[①]。2008 年以后，受国际金融危机深层次影响，国内外需求迅速下降，中国部分行业供大于求矛盾日益突出。为了逆转经济下行趋势，政府采取了投资推动和货币宽松政策，资金大量流向制造业行业，导致产能过剩再一次被放大。进入"十三五"时期，中国经济发展呈现"新常态"的显著特征，经济增长由高速转为中高速，传统经济增长模式难以为继，经济结构面临优化升级压力。经济增速放缓导致一些风险性因素凸显，产能过剩不但没有得到彻底缓解，反而成为中国经济发展的痼疾，部分企业经营困难、政府财政收入下降等，都与产能过剩密切相关。因而寻找安全高效的解决方案，遏制产能过剩矛盾，加快制造业结构调整和转型升级，已经成为国民经济持续健康发展的迫切要求。

1.1.1 治理产能过剩是中国经济结构改革的重点和难点

自 20 世纪 90 年代初，中国产能过剩矛盾日渐突出。图 1-1 显示

[①] 中华人民共和国国家统计局：《波澜壮阔四十载　民族复兴展新篇——改革开放 40 年经济社会发展成就系列报告之一》，http://www.stats.gov.cn/ztjc/ztfx/ggkf40n/201808/t20180827_1619235.html。

了 1992～2018 年中国工业产能利用率变化趋势。

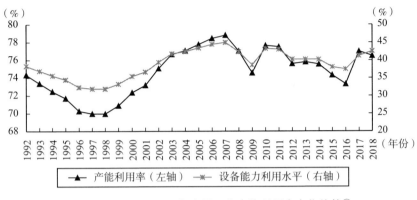

图 1-1　1992～2018 年中国工业产能利用率变化趋势①

从图 1-1 可以看出，工业行业大致出现了三个较为严重的产能过剩阶段：

第一阶段出现在 1997 年亚洲金融危机前后，这一轮产能过剩主要由内外需持续低迷造成的，同时国内伴随着通货紧缩，工业企业设备利用水平降到 32% 左右，产品积压严重，企业出现大面积亏损。1999 年，国家经贸委发布了《关于做好钢铁工业总量控制工作的通知》，主要关注钢铁行业产能过剩问题，具体措施包括限产压库、限制投资、强制关停小钢厂等。此后产能过剩逐渐成为国务院、国家发展改革委、工信部等政府部门重点关注的问题。2001 年以后，由于外需增长十分强劲，加上国家对钢铁、电解铝、水泥等重点行业采取供地、核准、行政检查等限制性措施，产能过剩情况得到了很好的遏制，工业行业产能利用率持续上涨。

_____

①　产能利用率通常是反映产能是否过剩的重要指标，本书采取国内外流行的做法，选取 79%～82% 作为合意区间来判定产能是否过剩，低于 75% 为产能严重过剩。中国国内对于产能过剩相关统计数据的发布有两个权威来源：其一，国家统计局自 2006 年开始对工业企业产能利用率进行季度调查，相关数据未系统对外公布，2013 年以后才开始固定系统地公开发布；其二，中国人民银行从 1992 年开始，每季度发布对 5000 户工业企业设备能力利用水平调查的数据。对比 2013～2018 年统计局发布的产能利用率和央行设备能力利用水平，发现二者趋势较为相近，参考温湖炜（2017）的做法，本书采用线性拟合的方法得到了 1992～2018 年的中国工业产能利用率变化趋势图。

　　第二阶段出现在 2008 年前后，受国际金融危机影响，中国经济增长急速下滑，产能过剩问题凸显。在此背景下，国家采取了一揽子经济刺激措施，主要包括新增 4 万亿元投资和十大产业振兴规划等，从供需两侧同时发力提振经济。然而经济刺激计划在拉动经济回暖的同时，也不可避免地加剧了产能过剩。为了缓解产能过剩，政府推行了一系列调控政策，如暂停部分项目批复、取消差别电价优惠、提高准入门槛、名单淘汰制等。2009 年 9 月，国务院发布《关于抑制部分行业产能过剩和重复建设引导产业健康发展的若干意见》，明确指出中国在钢铁、水泥、平板玻璃、煤化工、多晶硅、风电设备、电解铝和造船等行业出现了较为严重的产能过剩，应坚决抑制部分行业产能过剩和重复建设，促进经济可持续发展。2011 年，为化解中国平板玻璃产业产品同质、低端产品过剩、高端产品短缺等结构性矛盾，工信部发布《关于抑制平板玻璃产能过快增长引导产业健康发展的通知》。从党的十八大开始，产能过剩治理受到了更加高度的重视，被列为国家经济工作重点之一。2013 年 10 月，国务院印发了《关于化解产能严重过剩矛盾的指导意见》，该文件明确指出中国部分产业特别是传统制造业供求矛盾突出，化解产能过剩迫在眉睫。同年召开的中共十八届三中全会和中央经济工作会议，均将化解产能过剩矛盾列为工作重点，并指出要加强对各产能过剩行业发展趋势的预测和研判，制订针对高效的化解方案。

　　第三阶段出现在经济发展进入新常态时期。金融危机之后，国家整体上加大了对产能过剩的治理力度，取得了一定的成效，但是化解过程较为缓慢，诸多行业产能过剩和结构失衡问题依然严重。进入"十三五"时期，中国经济增长由高速转为中高速，传统经济增长模式难以为继，产能过剩依然是中国经济改革中的重要变量。根据国家统计局公布的数据，2016 年中国工业行业平均产能利用率只有 73.3%，远低于 79%~82% 的合意区间。2015 年 12 月，中央经济工作会议把"去产能、去库存、去杠杆、降成本、补短板"列为五大供给侧结构性改革任务，"去产能"位列任务之首。2016 年国务院印发了《关于煤炭行业化解过剩产能实现脱困发展的意见》等文件，2017 年国家发展改革委等部委联合印发《关于做好 2017 年钢铁煤炭行业化解过剩产能实现脱困发展工作的意见》，同年国家发展改革委、工信部、国家安全生产监督管理总局等 16 个部门联合印发了《关于利用综合标准依法依规推动落后产能退出的指导意见》，2018 年国家发展改革委等部委联合印发《关于做好 2018 年重点领域化解过剩产能工作的通知》，2019 年国家发展改革委、工信部、能源局再次发布《关于做好 2019 年重点领域化解过剩产能工作的通知》。以上一系列文件的发布说明中国制造业产能过剩治理全面进入攻坚期，并仍将是未来一段时期内供给侧结构性改革的重点和难点。

1.1.2　中国政府大力推行的国际产能合作契合供需双方需求

国际产能合作的范畴有广义和狭义之分。广义的国际产能合作形式丰富多样，包括对外直接投资、出口贸易、工程承包、技术合作、技术援助等。狭义的国际产能合作通常指通过对外直接投资的形式进行国际产业转移。目前中国大力推行的国际产能合作主要是以企业为主体进行的，特别对于制造业企业而言，对外直接投资是其开展产能合作的最主要形式。鉴于本书的研究对象是中国制造业细分行业，故而后文中的国际产能合作除有特殊说明，一般采用的是狭义的概念。

国际产能合作的发展历程表明，它符合国际产业和经济发展基本规律。二战后到 20 世纪 90 年代，全球范围内发生了四次规模较大的国际产业转移浪潮：①第一次发生在 20 世纪 40~50 年代，美国在确立了全球经济和技术领先地位后，为转移过剩产能、推动本国产业转型升级，在国内大力发展汽车、化工等资本密集型制造业，将纺织业等传统的劳动密集型产业向欧洲、日本等地区转移。美国输出的过剩产能帮助二战后的欧洲迅速恢复经济，使得日本很快发展成为全球制造业大国，同时美国国内制造业产能利用率反弹，出口迅速增长，经济进入了数十年的繁荣。②第二次发生在 20 世纪 60~70 年代，美、德、日等国在科技革命的驱动下加快了国内产业升级，集中力量发展汽车等资本密集型以及航空航天、生物医药等技术密集型制造业，把服装纺织、化工等制造业向亚洲新兴工业化国家和地区转移。③第三次发生在 20 世纪 70 年代后期，受两次石油危机的影响，发达国家大力发展高附加值、低能耗的微电子、新能源、新材料等技术密集型行业，将钢铁、造船以及部分汽车、家电制造业向亚洲"四小龙"等国家（地区）转移。同时，亚洲"四小龙"开始将劳动密集型产业转出到东南亚国家。在以上两轮转移中，日本通过逐步依次地将本国边际劣势产业向外输送，也成功地化解了国内产能过剩。④第四次发生在 20 世纪 80～90 年代，这次产业输出国是美、日、德和亚洲"四小龙"，承接国是以中国为首的发展中国家。这次产业转移具有"模块化"的特征，即将产业链中的工序按模块进行切割，各模块相对独立，整个产业链条的模块按统一规则和标准组合成整体。以上四次国际产业转移加速了产业结构在世界范围内的调整，输出国（地区）实现了产业的转型升级，并在很大程度上化解了本国（地区）的产能过剩矛盾。同时承接国（地区）的经济也实现了快速增长，很多国家（地区）加快了工业化进程，其中东亚地区的表现尤为突出。

中国政府大力推行的国际产能合作其实是世界经济史上新一轮的国际产业转移，主要通过对外直接投资等方式将中国富余的优质产能向国外输出转移，实现合作共赢：一方面可以促进中国产业结构的深度调整和优化升级，化解中国产能过剩的痼疾，为中国经济发展提供新的驱动力；另一方面可以满足发展中国家基础设施建设的需要和对先进装备与工业生产线的需求，帮助它们构建更加完整的工业体系和制造能力。这一概念和做法源自 2014 年底中国和哈萨克斯坦在钢铁、水泥、平板玻璃、装备技术等领域达成的产能合作共识。2015 年两国进一步开展实质性合作，先后签署了资金总额 236 亿美元的产能合作文件，以及《关于加强产能与投资合作的框架协议》，并初步选定了第二批 42 项合作项目。2014 年 5 月，国务院印发《关于推进国际产能和装备制造合作的指导意见》，提出国际产能合作的目标、任务和原则，成为中国开展国际产能合作的重要指导性文件。以中哈产能合作为先导，目前中国主导参与的国际产能合作遍地开花，截至 2019 年初，中国与"一带一路"沿线 50 多个国家（地区）签署了产能合作协议，合作项目遍布亚、非、欧、拉等大洲。

"一带一路"倡议的提出为中国与沿线国家合作提供了良好的机遇，为中国向外产能输出提供了广阔的平台。根据中国"一带一路"网统计，截至 2020 年 1 月，中国共与 144 个国家（地区）签订了"一带一路"相关合作协议，覆盖了六个大洲（如表 1 - 1 所示）。沿线国家大多为亚非拉的发展中国家和中东欧转轨经济体，在工业发展上与中国高度契合，合作意愿强烈，合作条件好。①从前期合作基础来看，中国与"一带一路"沿线国家在经贸领域合作不断深化，信任不断加强，沿线国家已经成为中国的主要贸易伙伴和企业投资的主要目标市场。2013～2018年，中国与沿线国家货物贸易进出口总额超过6万亿美元，年均增长率高于同期中国对外贸易增速，占中国货物贸易总额的比重达到27.4%。① 同时，沿线国家贸易与投资自由化程度不断提高，中国对沿线国家投资持续增长，2013～2018年，中国企业对沿线国家直接投资超过900亿美元。②从合作条件来看，中国与大多数沿线国家处于工业化进程不同阶段，产业结构互补性强，具备良好的分工合作条件。以哈萨克斯坦为例，该国发展的主要问题来自工业发展质量不高，内部结构失衡。在苏联分工体系中，哈萨克斯坦主要负责粮食、有色金属初加工产品的供应，独立以后，该国把石油、天然气、有色和黑色金属采炼等确立为国家重点发展行业。虽然哈萨克斯坦于2003年和2010年先后推行工业改革，致力于产业结构的调整，但是仍然没有从根本上改变落后局面：能源开采仍占该国工业总产值的一半以上，制造业也以与能源开采相关的冶金工业、石油制品生产、机械制造等为主，技术落后，基础十分薄弱。因而该国迫切希望通过与中国开展产能合作，输入大量优质富余产能，获取高性价比的装备与工业生产线，以满足其工业化建设的需求。③从合作意愿来看，很多沿线国家在经济发展目标和政策上与中国高度契合。例如，哈萨克斯坦2014年底开始实施"光明大道"经济发展计划，其核心是通过一系列投资促进哈萨克斯坦经济结构转型，促进经济稳定增长和创造就业机会，与中国推行的国际产能合作高度互补。金融危机之后，阿拉伯国家加速实施"东向战略"，十分重视与中国的经贸合作，部分国家明确表示愿意与中国进行政策对接，期待承接来自中国的优质产能。南亚地区各国为了摆脱落后现状，积极寻求国际合作，尼泊尔的国家重建发展规划、孟加拉国的"金色孟加拉"发展计划，都与中国的国际产能合作战略不谋而合。此外，很多亚洲、非洲、中东欧国家也表现出与中国合作的强烈意愿。

---

① 中华人民共和国中央人民政府：《中国与一带一路沿线国家货物贸易额超6万亿美元》，http://www.gov.cn/xinwen/2019-04/19/content_5384335.htm。

表 1 - 1   与中国签订"一带一路"合作协议国家（地区）列表

大洲	国家（地区）	国家数量（个）
亚洲	巴勒斯坦、阿富汗、巴基斯坦、土库曼斯坦、塞浦路斯、吉尔吉斯斯坦、老挝、卡塔尔、马来西亚、蒙古国、沙特阿拉伯、塔吉克斯坦、韩国、哈萨克斯坦、科威特、马尔代夫、尼泊尔、斯里兰卡、土耳其、乌兹别克斯坦、阿曼、也门、约旦、印度尼西亚、缅甸、东帝汶、阿联酋、越南、以色列、亚美尼亚、孟加拉国、柬埔寨、伊朗、黎巴嫩、巴林、叙利亚、菲律宾、文莱、不丹、泰国、新加坡、阿塞拜疆、格鲁吉亚、伊拉克	44
非洲	冈比亚、佛得角、坦桑尼亚、刚果（布）、尼日利亚、安哥拉、加蓬、赞比亚、塞舌尔、喀麦隆、科特迪瓦、毛里塔尼亚、索马里、多哥、乌干达、布隆迪、津巴布韦、乍得、肯尼亚、纳米比亚、莫桑比克、加纳、南苏丹、塞拉利昂、阿尔及利亚、吉布提、几内亚、卢旺达、突尼斯、埃塞俄比亚、塞内加尔、利比亚、马达加斯加、摩洛哥、苏丹、科摩罗、莱索托、马里、利比里亚、尼日尔、贝宁、赤道几内亚、南非、埃及	44
欧洲	希腊、奥地利、黑山、立陶宛、波黑、拉脱维亚、阿尔巴尼亚、爱沙尼亚、卢森堡、葡萄牙、意大利、马耳他、摩尔多瓦、波兰、罗马尼亚、乌克兰、北马其顿、保加利亚、塞尔维亚、俄罗斯、斯洛伐克、斯洛文尼亚、克罗地亚、匈牙利、捷克、白俄罗斯	26
北美洲	格林纳达、哥斯达黎加、多米尼克、安提瓜和巴布达、巴拿马、特立尼达和多巴哥、古巴、牙买加、巴巴多斯、萨尔瓦多、多米尼加	11
南美洲	委内瑞拉、乌拉圭、圭亚那、玻利维亚、智利、苏里南、秘鲁、厄瓜多尔	8
大洋洲	巴布亚新几内亚、新西兰、纽埃、基里巴斯、瓦努阿图、库克群岛、密克罗尼西亚联邦、所罗门群岛、汤加、斐济、萨摩亚	11

资料来源：根据中国一带一路网（https：//www.yidaiyilu.gov.cn）公布的资料整理，截至2020年1月，共144个国家（地区）与中国签订"一带一路"相关合作协议。

由此可见，在中国全面对外开放的新格局下，借助"一带一路"倡议和"走出去"战略的深入推进，通过对外直接投资的方式与"一带一路"沿线国家开展国际产能合作，既符合世界经济发展的一般规律，又契合中国和沿线国家的需求，为中国产能过剩的治理提供了新思路和新方向。

1.2　文　献　综　述

本书的主要内容是中国利用国际产能合作化解制造业产能过剩，是一个比较新的研究课题，虽然国内外学者对产能过剩治理进行了大量研究，近两年国内也涌现了国际产能合作的研究热潮，但是利用国际产能合作治理产能过剩的研究还比较有限，外文资料更是缺乏。本部分主要围绕产能过剩定义、产能过剩治理、国际产能合作与产能过剩治理、国际产能合作目标国环境评价等相关研究领域进行梳理和评述，为本书提供理论依据和文献基础。

1.2.1　产能过剩的定义

对于产能过剩的概念，国内外学者从不同角度进行了界定。学术界一般认为"产能过剩"的概念最早是由钱伯林（Chamberlin，1933）提出的。钱伯林在《垄断竞争理论》一书中从微观经济学的角度提出了产能过剩的概念，即企业的实际产出小于最优规模时的产出，并指出产能过剩是由于不完全竞争引起的经济组织无效率造成的。卡门等（Kamien et al.，1972）认为，完全竞争市场中企业的"完全产出"是平均成本最小时的产出，产能过剩就是垄断竞争或不完全竞争行业的企业"实际产出"小于"完全产出"的情形。柯克利等（Kirkley et al.，2002）从要素投入的视角，指出企业固定生产要素和可变生产要素投入被充分利用时所达到的产出水平是"完全产出"，当"实际产出"低于"完全产出"时就引发了产能过剩。

国内学者往往从微观、中观或宏观三个视角对产能过剩进行界定。从微观角度，刘树成（2006）认为产能过剩是由于企业将资本边际收益维持于边际成本之上而形成的。卢锋（2010）认为特定企业的闲置富余产能超过某个合理界限，伴随价格下降、利润持续减少并持续亏损时的现象，即为产能过剩。曹建海和江飞涛（2010）、钟春平和潘黎（2014）、胡荣涛（2016）指出，企业实际产出大于市场需求的程度超过了正常期望水平、形成闲置生产能力的状态就是产能过剩。从中观角度，周劲（2007）、窦彬和汤国生（2009）认为，产能过剩是在一定时期内特定行业的实际产出在一定程度上低于该行业生产能力。林毅夫（2007）指出信息不完全导致的行业投资"潮涌"是引起产能利用率过低的原因。从宏观角度，韩国高（2013）、张晓晶（2014）、周劲和付保宗（2011）、刘航和孙早（2014）认为，产能过剩的产生主要由于社会总需求不足导致社会经济活动没有达到正常限度的产出水平，从而导致资源利用不充分，生产要素出现闲置，并对社会经济发展产生的负面效应大于正面效应。

1.2.2　产能过剩的治理

国外研究者普遍认为产能过剩是市场经济的客观现象，有时甚至能促进经济效率的提高，产能过剩通过市场的自发调节机制就可以进行化解，因此并没有形成产能过剩治理的理论经验。中国产能过剩涉及产业较广，且弊端日趋严重，因而国内学者对于产能过剩治理给予了较多的关注，通过对国内相关文献进行梳理，主要包括两类：

1. 对国际经验的总结和比较

不少发达国家政府为了减少产能过剩带来的负面影响、稳定生产和维护市场秩序，纷纷出台了一系列短期和长期政策。

从短期政策来看，典型的有二战后的日本，在产能过剩治理上遵循经济发展规律，强化一系列产业政策的运用和实施（吕铁，2011；殷保达，2012），主要措施包括：进一步完善相关法律法规，制定行业准入标准，协助企业进行生产调整；设定设备注册制度，控制设备上新，淘汰落后设备，政府提供一定的补偿；设定专项治理基金，用于产业需求结构调查，保护中坚企业免于倒闭；进行生产和价格调整，指导企业进行减产，实施公开销售；合理推动过剩企业进行兼并重组；稳定就业，制定"特定萧条产业离职者临时措施法"和"特定萧条地区中小企业对策临时措施法"，采取对失业人员提供信息服务、进行免费培训、向中小企业提供紧急融资等措施。德国也采取过一系列财政支持政策，鼓励出口和新技术、新设备的应用，实现产业转型升级，化解过剩危机（刘建江等，2015）。

9

从长期政策来看，典型的有美国，美国治理产能过剩的政策很多都是着眼于长期，采取产业深化创新、提高企业生产率、培育产业竞争力等手段达到根本治理的目的，以及援助其他国家，带动本国出口贸易发展，向发展中国家进行产业转移。另外还采取一系列辅助性政策，如开发国内市场、实施贸易保护和区域经济一体化、加强国际市场的主导权等（盛朝迅，2013；刘建江等，2015）。日本也采取过一些长期政策，包括：阻断地方政府对企业实施过度保护；对阻碍劳动力自由流动的体制和政策进行改革；出台政策鼓励企业进行对外直接投资，进行产业转移；通过提高居民收入，扩大内需（吕铁，2011；殷保达，2012）。

2. 针对国内产能过剩治理政策的研究

国内学术界对于产能过剩治理的研究大多是借鉴和延续了发达国家的政策和做法，大多是把国际经验应用于国内，以理论和政策性研究为主。

一是从供给侧寻求解决方案。包括收紧新项目准入审批，分类处理在建违规项目；清理和整顿违规产能，加强规范化管理；淘汰落后设备、技术和产能；提升企业技术水平，强化企业创新驱动机制；推动同行业企业兼并重组，提高行业集中度；加速国有企业市场化改革，避免不合理的产能扩张；扶持主导产业，从技术、人才和品牌等方面来促进主导产业全要素生产率的提高；科学制定产业规划和目标，科学规划产业空间布局等（梁东黎，2008；付启敏和刘伟，2011；李晓华，2012；何维达和潘峥嵘，2015；胡荣涛，2016；贺京同和何蕾，2016；何维达和邱麟惠，2019）。

二是利用需求侧改革来缓解产能过剩。通过工业化、城镇化、信息化和农业现代化的"四化"融合，进一步完善居民收入分配制度和社保制度，扩大国内市场需求，调节国内需求结构（王健和惠锐，2014；史贞，2014；王立国和宋雪，2014；李士梅和尹希文，2017）。

三是利用国外市场来化解产能过剩。一种途径是扩大出口，学者们研究发现出口企业的产能利用率要普遍高于非出口企业，出口比重的提升可以有效缓解产能过剩（杨振兵，2015；鞠姗，2017）。另一种途径是鼓励企业"走出去"，扩大对外直接投资，实现产业转移（史贞，2014；陈岩和翟瑞瑞，2015；曹秋菊，2016；温湖炜，2017）。

四是通过政府角色的转变来治理产能过剩。部分学者认为中国产能过剩的形成是受到了政府因素的干预，因此提出要推进政府改革，规范政府扰乱市场的行为（冯俏彬和贾康，2014；李正旺和周靖，2014；卢现祥，2014；陈俊龙等，2019）。实施负面清单管理是化解中国体制性产能过剩的重要途径，政府要接受负面清单的约束，并减少对经济的行政控制，加强部门之间的协作，消除各种隐性壁垒，完善市场机制等（程俊杰，2017）。还有学者提出唯 GDP 论的地方政府官方晋升激励机制，在很大程度上加剧了政府干预经济的程度，造成投资过度，因此应对政府考核制度进行优化，建立多元化的地方官员考核指标体系（王文甫等，2014；干春晖等，2015），避免地方政府的不当竞争（鞠蕾和王璐，2018）。

1.2.3　国际产能合作与产能过剩治理

随着中国"一带一路"建设的持续推进，国际产能合作稳步开展，中国企业融入全球化进程的步伐也在不断加快。中国大力推行的国际产能合作是企业"走出去"战略的升级，特别对于制造业企业而言，对外直接投资是其参与国际产能合作的主要形式。下面我们将主要围绕对外直接投资和产能过剩治理来对文献进行梳理。

1. 国外理论和经验

西方主要资本主义国家在历史上都曾出现过产能过剩，弗农（Vernon，1966）的产品生命周期理论和小岛清（1978）的边际产业扩张理论为这些国家向国外实施产业转移提供了一定的理论依据。生命周期理论把产品的生命周期分为创新、成熟和标准化三个阶段，产品从研发—进入市场—扩大销路—广泛流行，由盛而衰，最终会被新产品所取代。在三个阶段中，成熟阶段产业会由创新国向边际成本更低的同类发达国家转移，创新国逐渐变为净进口国；进入标准化阶段，产业则会进一步向劳动力廉价的发展中国家转移，创新国停止生产，同类发达国家也逐渐变为净进口国。边际产业扩张理论源于对日本国际产业转移的总结，认为对外直接投资应从本国已经处于或即将处于边际劣势的产业依次进行，这些产业尽管在本国处于劣势，但是相较而言在其他国家仍然属于比较优势产业。该理论对于新兴工业化国家向发展中国家进行产业转移也具有很贴合的解释力。以上两个理论的共同之处在于，认为实施对外投资的产业不一定局限于比较优势产业，可以是在本国已处于生产周期末端或者边际劣势的产业。

20 世纪中期，随着二战后经济的迅速增长，诸多西方国家产生了产能过剩问题。美国、日本、德国和韩国等国都曾利用对外直接投资实施过剩产能的向外转移。在美国的发展进程中，曾发生过一些周期性的产能过剩。二战之后，随着美国工业的迅速发展，产销失衡导致的产能过剩问题逐渐显现，并逐步发展为经济危机。因此，美国通过实施"马歇尔计划"对欧洲进行产业转移，化解了自身的产能过剩问题。20 世纪 50 年代，战后恢复期的日本也面临着产能过剩问题，为化解这一危机，日本以"边际产业扩张"为理论指导进行大规模的产业转移，把高污染、高能耗的劳动密集型重化工产业转移至东南亚和拉美国家，把落后的资本密集型产业转移至韩国、新加坡等亚洲新兴国家，把标准化产业转移至中国内地。通过一轮轮转移，最终奠定了其在亚洲的"雁首"地位。德国传统制造业在 20 世纪 60 年代也出现了产能过剩，当时的德国政府一方面鼓励国内产业转型升级，另一方面则鼓励企业通过对外直接投资来化解产能过剩问题。韩国在二战后也曾出现产能过剩，政府通过推行外向型产业政策，达到产业转移和产业升级的目的，成功缓解了产能过剩矛盾。

2. 国内相关研究和实践

在国内，学术界和工业界大多认为通过对外产业转移来缓解国内产能过剩矛盾是可行的。鉴于中国所面临的严峻形势，可以借鉴美国 20 世纪 40 年代的"马歇尔计划"，立足全球产业分工视角，不断推动产能转移和企业国际化发展（宗良，2015；许善达，2016）。同时，国家也大力推行"走出去"战略，并作为化解产能危机的手段之一。

2012 年，中央经济工作会议中提出通过"转移"化解产能过剩的思想，意味着国内过剩产能可以通过"转移到消费国当地生产以缓解过剩压力"。学者们也指出，中国可以学习美国、日本等发达国家经验，通过对外直接投资的方式参与国际市场竞争，实施产能向外转移，同时对国内产业增加研发投入，实现产业结构优化升级（董小君，2013；刘建江，2015；陆百甫，2014）。

"一带一路"倡议的提出为国内过剩产能"走出去"提供了良好的契机。"一带一路"沿线市场容量巨大，沿线国家以发展中国家为主，亟须发展本国工业，有条件有意愿成为中国相对过剩的富余优质产能的海外承接地（苏杭，2015）。中国同"一带一路"沿线国家开展产能合作应当以对外直接投资为主、贸易为辅的方式进行（刘瑞，2016），在实施具体产业转移时应首先厘清产能过剩产生的原因，采取不同的投资方式，对症下药（梅新育，2015）；要融合东道国区位优势和产业特点（刘瑞和高峰，2016），同时借鉴美日经验，探索和开创产业转移新模式，积极实施跨国并购，通过提高企业自主创新能力和跨国经营水平，有效化解过剩产能（曹秋菊，2016）。

随着中国企业"走出去"步伐不断加快，学者们对于产能过剩和对外直接投资关系的研究不断深化。杨振兵（2015）利用2003～2012年省际面板数据，采用广义矩估计，发现对外直接投资和出口的提升可以提高产能利用率，但是地方保护导致的市场分割和过度投资将加重产能过剩。倪中新（2016）利用时变参数向量自回归模型对"一带一路"沿线国家钢铁需求量进行预测，验证了在中国钢铁产能不再增加的条件下，"一带一路"倡议将逐年化解中国钢铁行业产能过剩的痼疾。史恩义和吴彦榕（2017）指出，对外直接投资是化解产能过剩的重要方式，并利用全国23个省份的面板数据，通过线性回归模型进行检验，发现对外直接投资和出口均能提高产能利用率。温湖炜（2017）利用倾向得分匹配和倍差法，验证了对外直接投资对产能过剩的化解作用，并进一步检验了规模效应和滞后效应，对外直接投资规模越大、国家数目越多，产能化解效果越好。刘建勇和江秋丽（2019）利用沪深A股上市公司数据，对海外并购、技术创新与企业产能过剩三者之间的关系进行了验证，研究结果表明海外并购能化解企业产能过剩，技术创新在海外并购缓解企业产能过剩的过程中起到中介作用。

1.2.4　国际产能合作目标国环境评价

随着中国企业对外产能合作步伐不断加快，针对国际产能合作目标国投资环境评价的文献大量涌现。相关研究在评价对象范围、评价产业

13

选取和评价视角上存在不同。

第一，从评价范围来看，既有针对国家群体的，也有针对单个国家的研究。大多数研究以"一带一路"沿线国家为研究对象。张明和王碧珺（2019）在《中国海外投资国家风险评级报告》中专门对"一带一路"沿线35个国家进行风险评级，并形成《"一带一路"沿线国家风险评级子报告》，评级结果显示发达经济体的评级普遍优于新兴经济体，在经济基础、偿债能力、政治风险和社会弹性四个指标上平均得分要高得多。北京大学"一带一路"五通指数研究课题组（2017）量化评估了"一带一路"沿线国家的"五通指数"，对与沿线国家产能合作的风险进行了分析。夏昕鸣等（2020）采用聚类和主成分分析法对2014～2017年"一带一路"沿线国家的投资环境进行了评价。类似的研究还有李宇等（2016）、马文秀和乔敏健（2016）、宋维佳和梁金跃（2018）、韩金红和潘莹（2018）、张春光和满海峰（2018）等。另外，还有部分研究对单个国家或者区位相近的一组国家进行投资环境综合评价，如沙瓦洛娃·尤里亚等（Suvalova Yuliya et al.，2020）以土库曼斯坦为研究对象，方尹等（2018）则对海湾国家进行了研究，谢守红（2017）对非洲投资环境进行了评价，等等。

第二，从产业范围来看，如上一条所述，大多文献并不针对特定产业，也有部分文献为特定产业的投资选择进行了目标评价。王越（2016）利用标准差修正G1模型对"一带一路"沿线22个油气资源丰富的国家进行了投资环境评价。邢佳韵（2017）等选取了"一带一路"沿线国家为研究对象，利用层次分析法对黑色金属、有色金属冶炼加工产业的合作环境进行了优选和评价。汪晶晶等（2018）利用BP神经网络模型，对全球138个国家2009～2013年的农业投资环境进行了评估。类似研究还有周凯锋（2009）、邓峤（2012）、杨海恩（2013）、郑明贵和谢为（2014）、魏爽和郭燕（2017）、张琼等（2018）、李优树等（2019）。

第三，还有部分文献从特殊视角对国际产能合作环境进行了评价。代表性的有：孟凡臣和蒋帆（2014）从政治风险评估的视角出发，利用以熵值赋权法为核心的多指标综合评价方法，对146个国家2009～2011年的政治风险进行了实证评价；马文秀和乔敏健（2016）构建了投资便利化测评指标体系，采用因子分析法对2010～2015年包括"一带一路"沿线 50 个国家和地区在内的全球 140 个国家和地区的投资便利化程度进行了测度和比较；张政和邱力生（2017）从国际政治经济风险的维度对中国对外投资环境进行了分析。

1.2.5　文献述评

通过以上回顾，可以看出：

（1）国外对产能过剩的研究最早始于钱伯林（Chamberlin，1933），相关文献总体数量不多，且对产能过剩的关注是不持续的，随着经济周期的波动而变化，相关文献多集中在经济危机爆发前后。国内对这一领域的研究起步要晚得多，2005 年中国开始出现投资过热，之后产能过剩治理才逐渐得到学术界的关注。关于产能过剩概念的界定，国内学者从微观、中观或宏观三个视角进行了广泛而深入的阐述，总体上认为产能过剩是由超额生产能力或者供求失衡导致的。

（2）国外学者大多认为产能过剩是市场经济的内生属性，因而围绕着产能过剩治理进行的研究较少。国内学术界对于产能过剩治理的研究源自国外经验的总结，相关对策建议多围绕供给侧和需求侧改革、政府部门角色转变、国外市场开拓等方面。

（3）通过对国内外相关理论、文献和实践经验的梳理发现，无论是理论界还是各国政府部门，普遍认为对外直接投资具有化解产能过剩的作用。围绕对外直接投资化解产能过剩这一命题的研究，国外几乎是空白，近年来国内学者则进行了许多有益的研究和探索。2015 年以前的相关研究，大多是对国外产业转移经验的借鉴和总结。随着"一带一路"倡议的持续推进，越来越多的研究开始围绕着如何利用"一带一路"化解产能过剩来展开。相关研究总体上以定性为主，近两年一些学者试图采用实证研究的方法来检验对外直接投资对产能过剩化解所起的作用，取得了一定的成果。现有的几篇实证文献多采用省级层面数据来检验对外直接投资和产能利用率之间的关系，也有个别文献从企业层面进行了检验，得出了一些有益的结论。

（4）国内学者针对国际产能合作目标国环境评价做了大量研究，相关研究在评价对象、产业范围以及评价视角选择上存在不同，研究方法和思路已相对比较成熟，为我们提供了良好的借鉴和参考。

以上成果和实践为本书提供了丰富的理论参考和有益的方法借鉴，也为本书提供了进一步拓展的空间：第一，对外直接投资化解过剩产能的理论框架有待完善。目前关于对外直接投资化解过剩产能的研究大多源于对发达国家经验的比较和总结，也有个别文献着手探源出口、技术创新等因素在对外直接投资化解过剩产能过程中的作用，但是相关理论论述较为零散，没有形成一个完整的体系。第二，在经验分析层面上，已有文献多采用省级层面数据来验证对外直接投资化解产能过剩的效果，有个别研究采用企业层面数据进行了基准检验和滞后检查，但是没有开展异质性检验，相关结论体现不出类别差异。目前还没有研究对对外直接投资化解产能过剩的出口和技术进步中介传导机制进行验证。第三，尚没有研究针对产能过剩行业进行投资目标匹配，现有文献要么不针对具体行业，要么只针对某一特定行业进行量身评价，评价结果既不完全适用于本书的产业范围又不满足过剩行业产能化解的要求。

本书尝试弥补以上研究领域的空白，拟从直接渠道、出口中介和技术中介渠道构建国际产能合作化解产能过剩的理论机制，并借鉴蒋冠宏和蒋殿春（2014）、温湖炜（2017）的研究，采用准自然实验和倍差法检验国际产能合作化解产能过剩的效果和作用机制，在此基础上进一步进行滞后效应和异质性检验；结合过剩产业特征，制定科学合理的评价指标体系，对过剩产业产能合作目标国进行评价和匹配。

1.3　研究目的和意义

在经济新常态的背景下，针对多行业产能过剩的情况，多年来的治理经验表明，通过实施产能总量控制、需求拉动等方式来化解过剩产能见效慢，并且难以从根本上解决诸多行业产能过剩和结构失衡问题。2013年10月，国务院印发了《关于化解产能严重过剩矛盾的指导意见》，积极推行"走出去"战略，鼓励企业大力开展对外直接投资，转移和化解过剩产能。近年来，国家发展改革委、国资委、商务部等部门先后修订出台了《境外投资项目核准和备案管理办法》《中央企业境外投资监督管理办法》《民营企业境外投资经营行为规范》《关于进一步引导和规范境外投资方向的指导意见》《企业境外投资管理办法》等一系列文件，实施"备案为主、核准为辅"的企业境外投资管理模式，鼓励企业参与"一带一路"建设和国际产能合作，通过"走出去"实现转型升级、抑制过剩产能。在政府积极推动"一带一路"建设和"走出去"战略的背景下，制造业真实的产能利用情况到底如何？企业对外直接投资能有效化解产能过剩吗？哪些行业应该优先"走出去"，走到哪里去？这些问题都是值得深思和亟待解决的。

本书拟沿着"提出问题—问题考察—理论机制和实证检验—方案设计—政策建议"的链条进行系统化研究：重新审视中国制造业产能过剩的现状，合理判定哪些产业需要优先"走出去"；着重关注对外直接投资化解产能过剩理论机制的构建，剖析对外直接投资化解产能过剩的直接渠道和中介效应渠道，用已有国际产能合作实践数据对化解效果和机制进行检验；以共生理论为指导，分行业系统地构建综合评价指标体系，对中国过剩产业合作目标国进行科学的匹配；思考中国制造业如何更合理地参与国际产能合作，以期为政府部门和企业提供一定的建议和参考，以达到更好的产能过剩治理效果。同时，这一系统化的研究，有助于深入挖掘利用国际产能合作化解制造业产能过剩的理论价值，丰富和补充相关学术领域的研究。本研究具有以下理论和现实意义：

1. 理论意义

（1）构建并检验国际产能合作化解制造业产能过剩的完整作用机制，揭示了国际产能合作对过剩产能的化解规律。据查询相关文献，目前尚未有文献对对外直接投资化解制造业产能过剩的理论框架进行系统化地构建。虽有个别文献着手探析出口、技术创新等因素在对外直接投资化解过剩产能过程中的作用，但是相关理论框架体系的搭建均不完善。本书系统剖析了对外直接投资化解制造业产能过剩的理论机理，厘清化解过剩产能的直接和中介效应渠道，并对作用机制进行了经验检验。相关研究揭示了国际产能合作化解产能过剩的作用机理和渠道，对现有的国际产业转移和产能过剩治理理论是一种丰富和补充。

（2）用共生理论指导国际产能合作目标评价指标体系的构建，深化了共生理论在相关领域的研究。本书采用跨学科研究法，对国际产能合作共生关系进行界定，剖析国际产能合作的共生三要素；以共生思想为指导，从共生单元耦合性、共生模式稳定性、共生环境友好性三个维度建立国际产能合作目标评价指标体系，对投资目标区位实施综合评价。这一研究揭示了国际产能合作的共生规律，深化了共生理论在国际产能合作研究领域的应用。

2. 现实意义

（1）科学地判定过剩行业，分行业进行投资目标匹配，为强化中国制造业参与国际产能合作的顶层设计和制度安排提供决策参考。本书的研究目的是利用国际产能合作解决制造业产能过剩这一难题。本书科学地测度中国制造业产能过剩现实情况，回答"哪些行业应该优先'走出去'"。更进一步地，对中国富余优质产能合作目标国进行合理匹配，回答"走到哪里去"。相关研究结论具有较强的实用性和可操作性，将为政府加强顶层设计，规划合作领域和投资布局，有序引导不同产业向境外转移提供重要借鉴和参考。同时，本书还结合理论和实证研究结论，从政策协调机制和政策支持体系的改进和设计上提出合理的建议，以便政府为过剩产能"走出去"提供更有力的保障。

（2）为产能过剩企业参与"一带一路"国际产能合作提供了行动指南，有助于企业结合自身情况"走出去"，有效提升产能利用率。本书为产能过剩企业的发展提供了新思路，企业可根据自身优势参与国际产能合作。研究中对国际产能合作化解产能过剩进行的机制检验，有利于企业认清产能过剩治理的理论原理和作用机制，发现和弥补自身不足，制定合理的投资战略和产能化解目标。对过剩行业投资目标国进行的综合评价，将提供大量有益信息，为企业寻找最优投资目标国提供一定的方向和参考，同时有利于企业进行投资风险的事前控制和投资过程中的利益保护。

（3）用共生理论的思想和方法指导国际产能合作，为政府和企业提供行动准则。共生思想不仅可以为我们匹配共生单元提供理论和方法指导，而且揭示了产能合作的本质特点和未来发展方向。共生理论所强调的共生单元质参量兼容、共生模式互惠和对称发展等思想，可以在方向上指导国际产能合作中的政府和企业等参与主体。有利于政府树立与合作国的"命运共同体"意识，保障产能合作的长期有效开展。也有利于企业充分考虑国际产能合作中的生产、交换和分配关系，在关注自身利益的同时，与合作方实现互利共赢。

1.4 研究思路和内容

1.4.1 研究思路和框架

本书沿着"提出问题—分析问题—解决问题"的逻辑链条展开，具体思路和逻辑框架如图 1-2 所示。

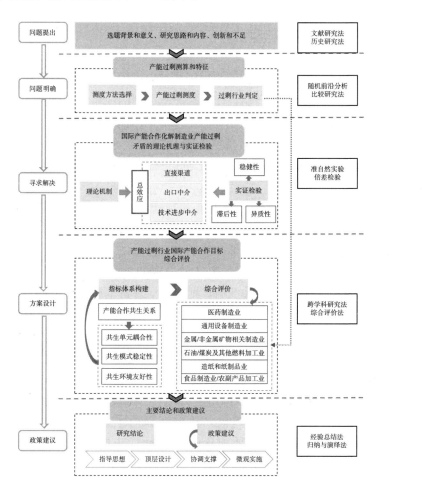

图 1-2 本书的研究框架

（1）提出问题：对现实背景和理论背景进行全面梳理，提出需要研究和解决的问题，这是整个逻辑的起点。

（2）分析问题：进一步考察和明确问题，对中国制造业产能过剩的情况进行科学合理的测度，判定和识别哪些产业是过剩产业；深入探寻解决问题的方法，验证利用国际产能合作化解产能过剩的有效性，并对作用机制进行检验。

（3）解决问题：把国际产能合作作为治理产能过剩的主要途径，规划和匹配过剩产业应该"走到哪里去"；在此基础上，提出相应的对策和建议。

1.4.2　主要研究内容

本书以中国制造业细分行业为研究对象，关注的是制造业产能过剩治理问题，从利用国际产能合作化解产能过剩的视角切入研究。研究的主要内容包括：

（1）引出问题。通过对现实背景和理论背景深入分析，提出中国治理产能过剩的必要性，以及利用国际产能合作化解产能过剩这一研究命题。

（2）中国制造业产能过剩测度和判断。通过比较，筛选合理的研究方法，对中国制造业分行业产能过剩情况进行测度，对过剩行业进行判定和识别，进一步明确产能化解的必要性。

（3）验证国际产能合作化解产能过剩的效果。从理论上进行分析和界定，搭建国际产能合作化解产能过剩的理论框架。利用准自然实验的思想和倍差检验方法，检验国际产能合作化解产能过剩的有效性和作用机制。

（4）对产能过剩行业国际产能合作目标进行匹配。构建一套系统、科学的评价指标体系，这是评价的基本准则和前提。选取合理的评价方法，利用已建指标体系进行综合评价，并对评价结果进行分析。

（5）研究总结和政策建议。总结课题的主要研究工作，并思考如何利用国际产能合作高效地化解产能过剩，提出针对性的对策和建议。

1.5 研究的创新和不足

1.5.1 研究的可能创新之处

（1）首次系统构建了国际产能合作化解制造业产能过剩的理论框架。在现有研究基础上，对国际产能合作化解产能过剩的理论成果进行整理，把分散的、零碎的理论进行归纳、整合和吸收，形成国际产能合作化解产能过剩的理论框架体系。本书系统识别了国际产能合作化解产能过剩的直接渠道、出口中介渠道和技术进步中介渠道，对相关作用机理的认识更深入、更全面，是对已有成果的拓展和升华。

（2）拓宽和补充了国际产能合作化解产能过剩相关领域的研究。首先，目前有少量文献检验了对外直接投资化解产能过剩的有效性，通过对这些文献的梳理，我们在以下方面进行了拓展：对出口中介效应和技术进步中介效应进行了检验，证实了两条渠道的有效性，并指出二者均起到了部分中介作用；为进一步揭示和把握国际产能合作化解产能过剩的规律，本书还增加了过剩与非过剩、特定要素密集度、特定地区、特定东道国、特定投资动机、投资频率6类异质性检验，并进行了稳健性检验，丰富和完善了已有研究。

其次，按产能过剩细分行业，进行国际产能合作目标国综合评价指标体系的构建，在指标选取方面综合考虑投资风险因素和产能转移的基础条件要求，相关指标体系更系统更全面。在此基础上，进行合作目标综合评价，评价方法采用"熵权 + 层次分析"改进 TOPSIS 综合评价模型，权重设置综合主观和客观的结合，评价结果更加有效可靠。

（3）把共生理论移植到利用国际产能合作治理产能过剩的研究中，确立了认识的新高度。采用跨学科研究方法，把国际产能合作视作具有复杂相关关系的生态有机种群，对共生理论在国际产能合作领域的应用进行了有益尝试。第一，在合作目标国的匹配中，以共生思想为指导，从"共生单元耦合性""共生模式稳定性""共生环境友好性"三个维度选取指标，系统构建了制造业分行业产能合作目标综合评价体系。第二，以共生思想指导国际产能合作的开展，有助于透过现象深入把握国际产能的本质特征和发展演化规律，保障国际产能合作的平稳开展和过剩产能的高效化解。

1.5.2　研究的不足

（1）缺乏产能过剩不同测算方法之间的比较。由于现有文献关于产能过剩内涵和测度方法的理解存在差异，造成不同学者对制造业产能过剩情况的判断存在不同。在第2章，本书考虑行业异质性，选取随机前沿生产函数法来测算制造业产能利用率，该方法把衡量潜在产出的前沿生产函数由固定变为随机，且充分考虑了不同生产要素替代弹性的不同，其测算结果更加符合现实。但是如果能进一步采取不同的方法进行测度，并对测度结果进行比较，可能能更直观地观测不同方法的差异，并找到现有文献对产能过剩判断和分析结果存在争议的根源。

（2）由于统计数据不完善，对国际产能合作化解产能过剩效果的观测有待进一步追踪。企业实施"走出去"往往需要一个较长的周期，本书注意到这一点，因而在检验国际产能合作化解产能过剩效果时进行了滞后效应检验。但是对于海外投资特别是绿地投资而言，从新建企业到获得收益往往见效比较慢，加上投资面临种种不确定因素和国家风险，企业产能过剩化解的效果可能需要更长一段时期追踪和观测。由于目前统计数据所限，本书选取的样本为2009～2013年对外直接投资的企业，随着中国企业对"一带一路"沿线国家投资步伐不断加快，后续我们团队会继续跟踪研究国际产能合作对产能过剩影响的动态变化，以更客观地评价产能化解效果。

第2章 中国制造业产能过剩测算和特征分析

科学衡量中国制造业产能过剩情况，明确哪些行业应该优先"走出去"，是有效治理产能过剩的前提。本章将进行以下方面的研究：选取科学的产能过剩测度方法和判断标准；建立产能利用率测度模型，测算中国制造业细分行业产能利用率；对测算结果进行分析，明确哪些行业是过剩行业。

2.1 中国制造业产能过剩测度方法

2.1.1 产能过剩测度方法的比较

产能过剩的判断和度量是中国产能过剩问题研究的核心，是提出有效解决方案的基础和前提。由于产能过剩概念界定上存在争议，加上成本核算难度大、数据信息不易获取，通过定义来测算产能过剩是很难实现的。因而在实际测度中，往往不是从理论界定入手，而是选取"产能利用率"这一核心指标，即利用实际产值与产能产值的比值来衡量产能过剩程度，产能利用率越高，产能过剩程度越小。目前，产能利用率的测算方法主要有直接测度法和间接测度法两大类。

1. 直接测度法

直接测度法是通过调查直接获得企业产能利用率状况的方法。实地调查一般难度大、成本高，且每个调查对象对自己行为偏好和最优的解释存在不一致性，因此应用并不广泛。美国经济分析局和人口普查局分别于 20 世纪 60 年代和 70 年代开始以调查的形式获得产能利用率的季度及年度数据。中国国务院发展研究中心"进一步化解产能过剩的政策研究"课题组（2015）实地调查了钢铁、水泥、电解铝、平板玻璃、船舶、光伏 6 个重点行业产能过剩的情况，发现产品同质化程度高、优惠政策的过度实施、国内和国际市场需求骤降是导致产能过剩的主要原因。时磊（2013）采用 2003 年世界银行投资环境调查数据，对中国企业产能过剩情况进行了相关研究。干春晖和邹俊等（2015）以 2012 年世界银行中国企业调查数据库中的企业产能利用率数据作为产能过剩的代理变量，对地方官员任期与产能利用率之间的关系进行了实证检验。

2. 间接测度法

间接测度法是目前学术界普遍采用的方法，这种方法的基本思路是先对产能产值进行估算，然后利用实际产值与产能产值之比测算产能利用率，常用的方法大体有以下几种：

（1）峰值法。克莱因（Klein，1960）认为可以把产能产值看作一段时间内产出水平的峰值，因而可以把历史最高实际产出规模作为产能产值。这种方法只需要单投入和单产出便可以估算出产能产值，较为简单，其最大的缺点是"一段时间"和"历史峰值"的选择均具有一定的主观性。该方法假设"历史峰值"时的产能利用率是 100%，而忽略了现实中"弱高峰"的存在，即有些情况下虽然产量达到峰值，但是生产能力利用并不充分。此时如果将产能利用率看作 100%，则计算出的产能利用率将会被高估，降低了测算的效度和信度。巴拉德等（Ballard et al.，1977）、刘林（2009）、徐菁和陈恩棋（2014）等部分学者使用峰值法对产能利用率进行了研究。

（2）生产函数法。克莱因等（Klein et al.，1967）提出通过设定具体的生产函数，利用要素投入对产能产出进行估算，进而计算出产能利用率。许多国际组织都采用此方法来估算产能利用率，如 IMF、欧盟经济和金融事务机构等。部分学者也认为该方法综合考虑了生产要素和技术进步对产出的贡献程度，在数据获取上具有一定的优势，且能消除生产环节不同企业之间的产能差异，使得度量结果具有良好的可比性（郭庆旺和贾俊雪，2004）和良好的效度及信度（沈坤荣，2012）。然而，生产函数法至少面临三大挑战：一是如何科学地设置生产函数，二是如何合理地对投入的生产要素种类和类型进行划分，三是如何有效地识别技术效率和统计噪声之间的区别。黄梅波和吕韩凤（2010）、中国人民银行营业管理部课题组（2011）、沈坤荣（2012）、王辉和张友月（2015）、余东华和吕逸楠（2015）均采用此方法对中国不同行业的产能过剩情况进行了测算。

（3）利润函数法。该方法的假设前提是企业决定产能利用率是以追求利润最大化为目的的。塞格尔逊等（Segerson et al.，1993）运用该方法对美国太平洋沿海海洋捕鱼业的产能利用率进行了实证研究。不过，随着对偶理论的兴起，利润函数法已逐渐被成本函数法所取代。

（4）成本函数法。成本函数法能综合考虑不同要素投入对产出的影响，是目前应用最广泛的方法之一。不过该方法的推导和计算颇为复杂，涉及大量的变量、方程和数据，测度结果可能会因为任何一种因素的影响而出现偏误。和生产函数法一样，该方法也面临如何合理地对各种生产要素种类和类型进行划分的问题。伯恩特等（Berndt et al.，1981）提出在规模报酬不变的假设下，短期平均成本最低点对应的产出水平就是产能产值，当企业在短期平均成本最低点右侧进行生产的时候，会发生产能利用率大于 1 的情形。莫里森（Morrison，1985）利用成本函数法对美国汽车产业的产能利用率进行了测度。塞格尔逊等（Segerson et al.，1990）采用超越对数成本函数形式，对多个产品的产能利用情况进行了研究。加罗法洛等（Carofalo et al.，1997）利用成本函数法，实证研究了 1983～1990 年美国各州制造业的产能利用率。国内许多学者也利用这一方法对中国的产能利用率进行了估算。例如，韩国高等（2011）通过实证测算发现中国黑色金属、有色金属、石化炼焦、化学原料、非金属矿物制品、化学纤维和造纸制品七大工业行业产能过剩较为严重。刘航和孙早（2014，2017）借鉴韩国高等（2011）的研究方法和思路，对中国不同省份的产能过剩综合指数进行了计算。赵宝福、黄振国（2014）对中国煤炭行业 1992～2012 年的产能利用率进行了测算，发现该行业的年均产能利用率仅为 76.96%。

（5）协整方法。为了避免函数形式设定的不合理，以产能产出和资本存量之间存在长期稳定关系为基本假设，谢赫等（Shaikh et al.，2004）提出了产能利用率计算的协整分析方法，程俊杰（2015）参考他们的做法，计算了 1999～2011 年中国制造业的产能利用率。该方法可以避免具体函数形式设定的不科学性，但是跟生产函数法和成本函数法相比却缺少了微观经济理论的支撑，因此具有较大的争议性。

（6）生产前沿面法。这种方法通过求解生产前沿面得到行业最优产能，进而对偏离生产前沿面的无效率部分进行估计，估算出产能利用率。按照生产前沿面构造方法的不同，可分为数据包络法（DEA）和随机前沿分析法（SFA），前者通过非参数估计对生产前沿面和偏离部分进行估计，后者是参数估计方法。相较 SFA 方法，DEA 方法不涉及函数形式的事先设定，也无须对参数有效性、一致性进行估计和检验，只需要设定生产有效标准并找出生产前沿面上的相对有效点。最早将基本的 DEA 模型扩展并应用于产能利用率计算的是法勒等（Fare et al.，1989），随后柯克利等（Kirkley et al.，2002）、黑拉利等（Helali et al.，2013）、董敏杰等（2014）用 DEA 方法开展了实证性研究。也有不少学者利用 SFA 方法测算了产能过剩率，典型的研究有沙玛等（Sharma et al.，1998）、费尔索文（Felthoven，2002）、维斯瓦纳坦（Viswanathan，2003）、康帕斯等（Kompas et al.，2005）、杨振兵和张诚（2015）等。

除此之外，还有向量自回归法（韩国高和王立国，2014）等方法。也有学者采用过一些变通方法，如福斯（Foss，1963）用实际电量与最大可能电量之比来估算产能利用率等，由于此类文献数量少，影响面窄，本书不再一一详述。

目前对于产能利用率的测算主要有 6 种方法（见图 2-1），这些方法各有优劣势。在实际研究中，应该结合样本特征、研究目标、研究背景和数据可获得性等因素，综合考虑测算方法的选取。目前学术界对产能过剩所进行的测算和研究，多选取国内外学者提出的成熟方法和模型，用产能利用率来判断产能是否过剩。也有少数学者建立包含产能利用率在内的一套指标体系，综合评价产能过剩程度。

2.1.2　方法选取和产能过剩判断标准

工业行业产能过剩主要通过测度产能利用率来衡量，学术界一般将产能利用率定义为实际产值与产能产值的比值。利用调查法测算出来的产能利用率属于工程意义上的生产能力，利用函数法测算的属于经济学意义上的，而利用生产前沿面法测算的可以认为是技术意义上的（董敏

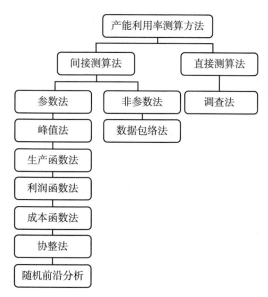

图 2 - 1　产能利用率的主要测算方法

杰等，2015）。当前，中国工业行业落后产能普遍存在，受非市场因素影响较大，鉴于这些影响因素，工程意义上的产能（或设备）利用率的技术有效假设、经济学意义上产能利用率的企业利润最大化或生产成本最小化假设并不完全适用，所以采用技术意义上生产能力测算的产能利用率可能更符合中国工业经济的发展实际（梁泳梅等，2014）。技术意义上测算产能利用率的方法主要包括数据包络法（DEA）和随机前沿分析法（SFA），由于 DEA 方法采用固定生产前沿，忽视了不同样本生产前沿的异质性，以及不同生产要素的替代弹性，对于产能利用率的测算难以保证准确性。相较之下，随机前沿分析法（SFA）把衡量潜在产出的前沿生产函数由固定变为随机，且充分考虑了不同生产要素替代弹性的差别，其测算结果更加符合现实。此外，该方法还能对残差项，即技术无效率进行分析，相比其他方法更接近于生产实际。鉴于此，考虑行业异质性，本书沿用柯克利等（Kirkley et al.，2002）的做法，选取随机前沿生产函数法来测算制造业产能利用率。

那么，产能利用率低到何种程度就形成了产能过剩呢？从理论上来说，产能利用率只要小于100%就可被称为过剩，但是现实生产中，由于厂房、设备等固定资产从投资到正式生产存在一定的周期，企业对市场预判会采取一定的缓冲行为，以及受消费侧市场需求因素等的影响，都可能导致一定的过剩产能。目前，尚没有一个统一的标准来衡量产能过剩。从发达国家经验来看，美联储一般根据长期平均水平进行比对以判断当期产能利用率的高低，79%~82% 通常被认为是一个合意区间，低于这个区间说明产能过剩，超过 90% 则说明产能不足（韩国高，2011）。类似地，欧盟的标准为 82%，日本为 83%~86%（钟春平和潘黎，2014）。就中国而言，目前国内仍然没有权威机构对判定标准进行统一。不失一般性，本研究选取 79%~82% 作为合意区间来判定产能是否过剩，低于 75% 为产能严重过剩（江源，2006；戚向东，2006；汪进，2010；韩国高等，2011）。

2.1.3 随机前沿生产函数模型的一般形式

经济学中，生产函数的定义一般为：企业或组织甚至整个社会，在既定的工程技术条件下，给定投入与所能得到的最大产出之间的关系①。但现实中，生产往往达不到最大产出的前沿，因此随机前沿生产函数可以表示为：

$$Y_{it} = f(x_{it}, t)\exp(v_{it} - u_{it}) \qquad (2-1)$$

$$u_{it} = z_{it}\delta \qquad (2-2)$$

其中，Y_{it} 表示 i 行业 t 期的实际产出，x_{it} 为行业生产中的投入变量，t 为时间，表示技术进步的时间趋势变量。$u_{it} \geq 0$ 为技术损失导致的无效率项，且服从半正态分布，$\exp(-u_{it})$ 表示实际产出相对潜在产出（产能产出）的偏离。v_{it} 为随机误差项，表示不可控的影响因素，作为具有随机性的系统非效率计算。式（2-2）中 z_{it} 表示影响技术效率的外生变量向量。

2.1.4 生产函数设定

参考艾格纳等（Aigner et al.，1977）和缪森等（Meeusen et al.，1977）的做法，本书选用超越对数生产函数。相比常用的柯布 - 道格拉斯函数、里昂惕夫生产函数等形式，超越对数生产函数不仅反映了投入要素之间的替代效应和交互作用，而且还考虑了时间变化对技术进步的

---

① ［美］保罗·A. 萨缪尔森、威廉·D. 诺德豪:《经济学》（第十七版），人民邮电出版社 2003 年版。

影响。此外，超越对数生产函数还放宽了技术中性的强假设，能更准确地刻画经济系统的特征，可以规避函数误设造成的偏差（涂正革、肖耿，2005；杨莉莉等，2014）。在取对数之后，本书设定的生产函数如下：

$$\ln Y_{it} = \beta_0 + \beta_1 \ln K_{it} + \beta_2 \ln L_{it} + \beta_3 t + \beta_4 (\ln K_{it})^2 + \beta_5 (\ln L_{it})^2 + \beta_6 \ln K_{it}$$
$$\times \ln L_{it} + \beta_7 t \times \ln K_{it} + \beta_8 t \times \ln L_{it} + \beta_9 t^2 + v_{it} - u_{it} \quad (2-3)$$

$$u_{it} = \delta_0 + \delta_1 mkt_{it} + \delta_2 cyc_{it} + \delta_3 gov_{it} + \xi_{it} \quad (2-4)$$

其中，Y 表示行业产出，i 表示行业，t 为表示技术进步的时间趋势变量，K 和 L 分别代表资本投入和劳动投入。v_{it} 表示通常意义上的随机误差项，假定 $v_{it} \sim N(0, \sigma_v^2)$，$u_{it}$ 是技术损失导致的无效率项，为非负数，且有 $u_{it} \sim N^+(\mu, \sigma_v^2)$，$v_{it}$ 和 u_{it} 相互独立。式（2-4）中 mkt_{it} 表示市场因素，gov_{it} 代表政府干预程度，cyc_{it} 表示经济周期影响，ξ_{it} 为随机误差项，服从正态分布。

2.1.5　数据说明

本书选择 2007~2018 年的面板数据，对中国制造业 24 个细分行业产能利用率进行测算。

样本区间为 2007~2018 年，主要原因在于：2007 年以后中国经济发展进入"快车道"，经济增长对企业产能扩大的拉动作用增强，特别是在 2007~2009 年环球金融危机期间，政府集中出台了投资推动和货币宽松政策，大量资金流向制造业，新一轮产能过剩逐渐凸显。另外，中国财政部颁布的新会计准则自 2007 年 1 月 1 日起开始全面实施，因而选用 2007 年以后的数据更加具有连续性和可比性。

由于 2012 年国家统计标准的改变和某些行业统计数据的不连续性，在制造业细分行业中，经过调整、合并和剔除，最终我们保留了 24 个细分行业①。具体来说：①由于"纺织业""纺织服装、服饰业""皮

---

①　包括农副食品加工业、食品制造业、酒/饮料和精制茶制造业、烟草制品业、纺织服装业、木材加工和木/竹/藤/棕/草制品业、家具制造业、造纸和纸制品业、印刷和记录媒介复制业、文教/工美/体育和娱乐用品制造业、石油/煤炭及其他燃料加工业、化学原料和化学制品制造业、医药制造业、化学纤维制造业、非金属矿物制品业、黑色金属冶炼和压延加工业、有色金属冶炼和压延加工业、金属制品业、通用设备制造业、专用设备制造业、交通运输设备制造业、电气机械和器材制造业、计算机/通信和其他电子设备制造业、仪器仪表制造业。

革、毛皮、羽毛及其制品和制鞋业"三个行业中的部分分项做了交叉调整，为保持前后数据一致，对以上三个行业进行了合并处理，统称"纺织服装业"。②鉴于部分年份"增加值累计增长速度"和"全部从业人员年平均人数"两个关键性指标的缺失，删除了"橡胶和塑料制品业"。③"交通运输设备制造业"在2012年以后被拆分成"汽车制造业"和"铁路、船舶、航空航天和其他运输设备制造业"分别统计，为保持数据一致性，我们仍然合并成"交通运输设备制造业"来处理。④由于行业规模小、行业特征不明显，加上统计数据的缺陷，剔除了"其他制造业""废弃资源综合利用业""金属制品、机械和设备修理业"三个行业。

具体数据指标来源说明如下：

工业增加值（Y）：参考干春晖和郑若谷（2009）、杨振兵和张诚（2015）的做法，本书的产出指标选用不考虑中间投入品价值的工业增加值。2007年的数据来自《中国工业经济统计年鉴》，2008～2018年细分行业工业增加值由作者计算得出，由于2008年以后国家统计局不再提供增加值的分行业数据，参考王兵等（2013）、杨振兵和张诚（2015）等研究的做法，根据中国统计局发布的各细分行业历年年末工业增加值累计增长速度与前一年的工业增加值数据逐年计算得出。利用细分行业的工业品出厂价格指数，将各年度工业增加值平减至2007年。

资本存量（K）：参考陈诗一（2011）的做法，利用永续盘存法进行估算，具体公式为：$K_{it} = I_{it} + (1 - \delta_{it})K_{i,t-1}$。其中$K_{it}$为当期资本存量，$K_{i,t-1}$为前一期资本存量。$I_{it}$为当年新增投资额，由当期减去前一期固定资产原价计算而得。δ_{it}为折旧率，不同于已有文献（刘磊等，2018）采用固定折旧率的做法，本书的折旧率由统计数据逐年计算而得，更真实和准确，具体计算公式为$\delta_{it} = \dfrac{累计折旧_t - 累计折旧_{t-1}}{固定资产原价_{t-1}}$。数据来源于历年《中国工业经济统计年鉴》和《中国统计年鉴》，2017年和2018年两个年度部分缺失数据通过插值法补齐。参考李小平（2005）的做法，资本存量数据利用各行业固定资产价格指数进行平减至2007年。

劳动投入（L）：严格来说，劳动投入既要考虑劳动的时间，又要考虑劳动效率。但由于相关数据不可获得，这里我们仅选用制造业各细分行业"全部从业人员年平均人数"来表示，数据来源于历年《中国统计年鉴》。

技术进步（t）：不失一般性，这里参照大多数研究中广泛采用的办法对计量模型进行设定，选用时间趋势变量 t 表示自发的技术进步。

市场因素（mkt_{it}）：从微观层面来看，产能过剩的形成是由企业的投资和生产等一系列行为实现的，代表性的观点如林毅夫等（2010）的投资"潮涌现象"论。而企业的生产等行为往往是由企业家进行判断和把握的，因此本书将企业家才能看作市场因素。借鉴孙早和刘庆岩（2006）、程俊杰（2015）的做法，本书用"大专以上人口"占"6 岁及以上人口"的比重作为解释变量 mkt_{it}，数据来源于历年《中国统计年鉴》。

经济周期指标（cyc_{it}）：经济周期指标可以用经济波动来衡量，这里参考洪占卿等（2012）、张少军（2013）的做法，采用 GDP 实际增速的滚动标准差来表示，以便更好地刻画经济随时间的波动趋势。改革开放以来，中国经济周期平均跨度大约 6～7 年（刘树成，2009），因而这里将滚动时窗固定为 7 年，以保证可以覆盖经济周期的长度。GDP 增速数据来源于历年《中国统计年鉴》。

政府干预程度（gov_{it}）：根据现有文献，政府干预程度的高低与干预动机的大小成正比，而干预的最重要动机之一就是财政收支压力，衡量政府干预程度还应该考虑政府的消费能力，已有文献往往选用"一般公共预算支出"占 GDP 的比重来表示（陆铭和欧海军，2011）。这里借鉴这一做法，数据来源于历年《中国统计年鉴》。

2.1.6　模型的估计结果

本书使用 Frontier 4.1 软件对随机前沿模型进行估计，式（2-3）和式（2-4）的参数估计结果如表 2-1 所示。从结果来看，变量的参数大部分都在 1% 的水平上显著，对数似然函数值和 LR 检验均表明模型非常显著，说明所构建的模型中，生产函数的变量设置较为合理。而劳动力和资本、劳动力和技术、资本和技术的交互项均通过了显著性检验，说明任意两种要素间的替代弹性显著存在，与经济现实相符，进而验证了采用超越对数生产函数的合理性。此外，模型的整体指标对数极大似然估计值和单侧误差似然比 LR 值均能显示该模型具备很强的解释力。γ 值能够表示随机扰动项中技术无效的比重[①]，该值为 0.9980 并在 1% 的水平上显著，这意味着随机前沿生产函数的误差基本来源于非效率项 u_{it} 而非白噪声引起，故采用随机前沿模型是正确的。对生产无效率方程的估计显示，政府干预程度、市场因素和经济周期指标三个变量都通过了显著性检验，符合理论预期。基于以上模型，我们估算出了制造业各分行业的产能利用率，如表 2-2 所示。

表 2-1 随机前沿模型估计结果

变量	系数	t 值	变量	系数	t 值
常数项	4.7661 *** (0.9791)	4.8676	$(\ln L)^2$	0.4251 *** (0.0861)	4.9399
lnK	1.9702 *** (0.2481)	7.9426	$\ln K \times \ln L$	0.1735 * (0.1001)	1.7221
lnL	-2.7977 *** (0.1859)	-15.0502	$t \times \ln K$	0.0175 * (0.0095)	1.8330
t	-0.1529 *** (0.0538)	-2.8417	$t \times \ln L$	0.0040 * (0.0021)	1.9048
$(\ln K)^2$	-0.2199 *** (0.0532)	-4.1356	t^2	0.0019 (0.0037)	0.5145
常数项	-22.3008 *** (7.8199)	-2.8518	mkt	-2.9207 ** (1.3231)	-2.2074
cyc	-3.9669 *** (1.4224)	-2.7889	gov	0.4123 * (0.2369)	1.7407
σ^2	14.3592 *** (4.8713)	2.9477	γ	0.9980 *** (0.0008)	1222.0646
对数似然函数（log likelihood function）值				-202.7300	
LR 检验值				116.7441	

注：括号中为回归系数标准误差，***、**、* 分别表示 1%、5% 和 10% 的显著性水平。

---

① $\gamma = \sigma_u^2 / (\sigma_u^2 + \sigma_v^2)$，其中 σ_u^2 是技术损失导致的无效率项 u 的方差，σ_v^2 是随机误差项 v 的方差。γ 接近于 1，说明误差主要来源于 u，即生产单位的实际产出与前沿产出之间的差距主要是由技术无效引起的。

表 2-2　　2007~2018 年中国制造业产能利用率

单位：%

行业	2007年	2008年	2009年	2010年	2011年	2012年	2013年	2014年	2015年	2016年	2017年	2018年	平均
农副食品加工业	91.99	90.40	79.00	87.75	86.66	84.38	78.84	76.34	77.49	77.92	76.83	73.33	81.74
食品制造业	79.89	77.80	76.36	77.32	79.92	78.91	75.47	71.95	73.75	76.91	75.30	76.12	76.64
酒、饮料和精制茶制造业	75.00	77.41	74.62	81.00	84.50	85.19	83.68	82.04	81.03	82.04	81.69	81.51	80.81
烟草制品业	82.24	89.81	86.52	91.82	92.75	92.88	93.61	94.04	93.46	92.03	90.75	87.25	90.60
纺织服装业	59.42	60.48	65.82	60.78	62.40	73.15	77.18	76.24	79.62	77.67	81.19	80.37	71.19
木材加工和木、竹、藤、棕、草制品业	79.57	71.36	70.67	78.31	84.73	84.17	82.16	78.88	79.34	80.72	81.28	78.12	79.11
家具制造业	80.28	80.58	71.71	82.74	86.23	82.29	78.45	76.10	77.19	75.34	78.77	81.26	79.25
造纸和纸制品业	81.52	82.13	77.35	79.43	76.29	76.11	77.60	79.62	77.26	73.73	73.42	74.68	77.43
印刷和记录媒介复制业	74.46	74.67	77.85	82.39	84.48	84.60	82.15	80.78	80.62	79.86	81.53	80.64	80.33
文教、工美、体育和娱乐用品制造业	84.99	81.69	84.51	87.54	81.84	81.17	86.35	84.20	81.17	86.74	81.32	77.79	83.28
石油、煤炭及其他燃料加工业	69.62	65.79	64.03	54.72	53.23	49.65	59.56	73.15	67.45	69.03	67.78	66.02	63.34
化学原料和化学制品制造业	80.63	67.57	65.53	70.18	70.64	72.30	72.19	73.47	78.34	81.01	81.85	83.99	74.81
医药制造业	78.20	78.02	76.80	81.26	85.33	85.97	83.17	81.25	79.03	79.60	78.85	77.78	80.44
化学纤维制造业	78.98	73.68	74.37	74.27	78.39	77.12	75.28	75.57	76.38	79.40	81.80	78.56	76.98
非金属矿物制品业	64.05	57.94	58.11	58.04	61.91	60.96	59.66	57.45	59.03	60.44	65.48	63.56	60.55

续表

行业	2007年	2008年	2009年	2010年	2011年	2012年	2013年	2014年	2015年	2016年	2017年	2018年	平均
黑色金属冶炼和压延加工业	78.04	67.08	63.81	66.70	68.73	65.11	67.16	70.42	72.17	71.61	74.37	73.36	69.88
有色金属冶炼和压延加工业	73.90	68.91	63.19	70.08	69.14	71.39	72.76	73.47	72.48	74.96	74.79	77.93	71.92
金属制品业	88.44	80.77	81.15	81.57	86.76	80.22	78.91	74.69	80.83	83.27	81.98	79.15	81.48
通用设备制造业	76.60	67.76	68.63	71.23	75.49	78.18	77.77	76.84	76.34	72.81	77.90	78.29	74.82
专用设备制造业	85.42	79.98	74.06	78.12	86.20	83.64	80.18	77.57	75.85	78.18	80.02	79.22	79.87
交通运输设备制造业	85.45	78.17	72.86	75.25	73.84	79.35	81.98	80.26	79.04	80.62	78.94	79.48	78.77
电气机械和器材制造业	91.18	88.23	84.81	85.57	85.18	85.57	85.54	85.77	86.17	86.75	87.19	86.28	86.52
计算机、通信和其他电子设备制造业	94.07	77.13	79.04	70.51	80.27	79.89	78.42	79.74	81.96	81.04	81.70	85.13	80.74
仪器仪表制造业	89.27	88.80	82.08	86.82	90.89	93.54	93.11	93.01	92.25	92.27	92.78	90.42	90.44
平均	80.13	76.09	73.87	76.39	78.57	78.57	78.38	78.03	78.26	78.92	79.48	78.76	77.96

2.2　中国制造业产能过剩的测算结果分析

2.2.1　整体状况

从估计结果来看，2007～2018 年中国制造业的平均产能利用率为 77.96%。目前，大部分国内外学者都以 79%～82% 作为合意区间来进行产能过剩判断（江源，2006；戚向东，2006；汪进，2010；韩国高等，2011），如果选用这个标准的话，中国确实长期存在一定的产能过剩问题。

从变化趋势来看，现有研究文献（王文甫等，2014；程俊杰，2015）认为中国在 2008 年环球金融危机前后各经历了一轮产能过剩，其中 2003～2007 年为第一轮，2008～2011 年为第二轮。根据本书估计的结果，金融危机确实对中国制造业产生了较大影响（见图 2-2）。金融危机之前，制造业 24 个行业的平均产能利用率为 80.13%，与当时的经济繁荣背景一致。金融危机发生以后，产能利用率骤降至 2008 年的 76.09%，2009 年又进一步下降至 73.87%，达到谷底。2010 年制造业产能利用率有所回升，2011 年达到峰值 78.57%，说明中国政府"四万亿"投资救市计划开始发挥作用。不过，从 2013 年开始，投资扩张"后遗症"开始显现，加上各大主要经济体经济增速下滑导致的外需不

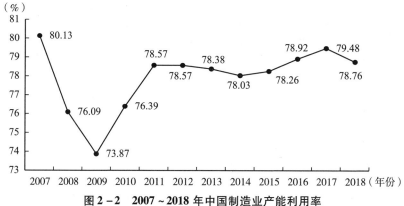

图 2-2　2007～2018 年中国制造业产能利用率

足，中国制造业产能利用率再度震荡下滑，2014 年降至 78.03%。2015 年以后，随着中国"一带一路"倡议的深入推行和开展，与沿线国家不断加强国际产能合作，再度拉动了制造业产能利用率的提升。

整体来看，无论是从整个样本的均值还是随时间的变化趋势上，中国制造业长期存在产能过剩问题，且呈一定的周期性变化。在图 2-3 中，我们加入了国家统计局发布的"工业产能利用率"数据进行对比，该指标包含采矿业、制造业和电力、热力、燃气及水生产和供应业在内的所有工业部门，从数值上看大部分年份略低于我们的测算，主要原因应该在于全球金融危机之后，工业部门包含的采矿业产能利用率普遍偏低，拉低了整个工业部门的平均值。总的来说，本书采用随机前沿法测算的产能利用率变化趋势，跟国家统计局发布的调查数据契合度较高，与宏观经济环境基本一致，有着较高的参考价值和可信度。

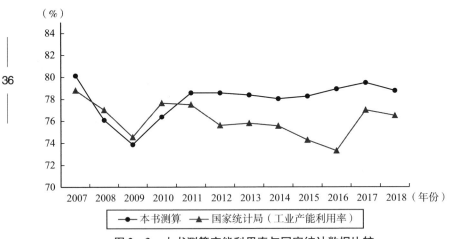

图 2-3　本书测算产能利用率与国家统计数据比较

资料来源：2007~2012 年工业产能利用率为拟合值（具体说明见第 1 章图 1-1），2013~2018 年工业产能利用率数据来源于中国统计局网站，http://www.stats.gov.cn/tjsj/zxfb/201901/t20190121_1645794.html。

2.2.2　类型差异

1. 按要素密集度划分

参考谢建国（2003）和盛斌等（2017）的做法，我们把制造业按照要素密集度划分为资本密集型、技术密集型和劳动密集型行业三类①，考察不同类型行业产能过剩情况。从走势上看，三种类型行业的产能利用率基本都与经济周期波动保持一致。金融危机之后，各行业产能利用率在上升到一定程度后，呈现振荡波动态势。

　　资本密集型行业年平均产能利用率最低，仅为 74.16%，长期徘徊于 79% 的标准线以下，产能过剩情况较为突出。主要原因可能在于，资本密集型产业通常是各级政府招商引资的重点行业，当这些行业技术壁垒较低或技术壁垒被突破时，一般会出现较为严重的产能过剩，这一点在钢铁、电解铝等传统资本密集型行业中表现尤为突出。劳动密集型和技术密集型的长期平均产能利用率分别为 80.02% 和 80.38%，但不同细分行业间差异较大，存在结构性过剩问题（见图 2 - 4）。总的来说，上述两种类型中的不少行业固定资产净值低于正常水平，装备系数低、投资相对少，产能利用水平一般比较高（韩国高，2011）。例如，纺

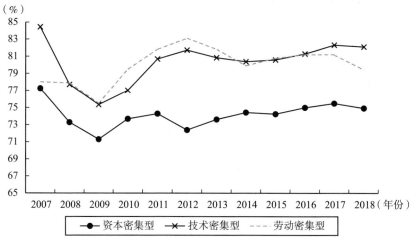

图 2 - 4　2007 ~ 2018 年不同要素密集度行业产能利用率

① 资本密集型行业包括家具制造业、造纸及纸制品业、印刷和记录媒介复制业、文教/工美/体育和娱乐用品制造业、石油/煤炭及其他燃料加工业、非金属矿物制品业、黑色金属冶炼和压延加工业、有色金属冶炼和压延加工业、金属制品业；技术密集型行业包括化学原料和化学制品制造业、医药制造业、化学纤维制造业、交通运输设备制造业、电气机械及器材制造业、计算机/通信和其他电子设备制造业、仪器仪表制造业、通用设备制造业、专用设备制造业；劳动密集型行业包括农副食品加工业、食品制造业、酒/饮料和精制茶制造业、烟草制造业、纺织服装业、木材加工和木/竹/藤/棕/草制品业。

织服装业、计算机通信和其他电子设备制造业属于典型代表，资本产出比分别介于 0.52 ~ 0.94、0.72 ~ 1.08 范围内，单位产出所占用的资本数量较少，大量订单使得其现有机器设备超负荷运转，往往会出现过度折旧，导致固定资产净值较小。

2. 按轻重工业划分

参考中国统计局《轻重工业划分办法（2008）》和韩国高（2011）的做法，本书把 24 个制造业行业划分为轻工业和重工业两个部门。经测算，轻工业制造业的平均产能利用率为 79.76%，重工业的产能利用率为 76.43%，并且在较长一段时间内轻工业部门的产能利用率要高于重工业（见图 2 - 5）。一般而言，轻工业行业的专用性低于重工业，投资周期也较短，当遇到外界需求变化时，比较容易做出调整。韩国高（2011）、张少华（2017）的研究结论也显示，严重产能过剩的行业大多属于重工业，与本文结论较为一致。

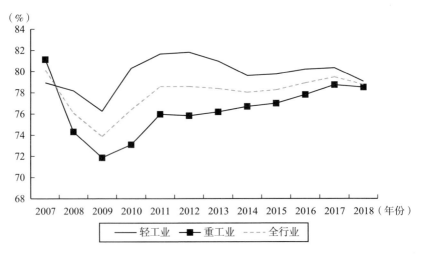

图 2 - 5　2007 ~ 2018 年轻工业、重工业产能利用率

经历了金融危机时期的低谷之后，2012 年前后轻工业的产能利用率达到最高点，之后出现了震荡下滑，从最高时期的 81.82% 下滑至 2018 年的 79.06%。重工业的产能利用率在金融危机影响下出现了大幅下滑，从危机之前的 81.14% 降至 2009 年的 71.85%，到达谷底，之后呈缓慢上升态势，至 2017 年达到 78.74% 的新峰值。值得注意的是，金融危机后期，轻工业的产能利用率比重工业回升要快，一方面是跟轻工业的投资周期短有关，另一方面则是由于轻工业普遍比重工业更靠近产业链的下游，更靠近消费市场，因而更早进入传导路径。

2.2.3　分行业状况

图 2-6 显示了 2007～2018 年各行业的产能利用率情况，产能利用率长期低于 79% 的部门包括非金属矿物制品业、石油煤炭及其他燃料加工业、黑色金属冶炼和压延加工业、有色金属冶炼和压延加工业、通用设备制造业、造纸和纸制品业。其中，非金属矿物制品业、石油煤炭及其他燃料加工业、黑色金属冶炼和压延加工业等行业产能过剩较为严重，十二年平均产能利用率分别为 60.55%、63.34% 和 69.88%。造纸和纸制品业虽然年均产能利用率为 77.43%，但是近三年产能利用率均低于 75% 的水平，也成为产能过剩比较严重的行业。有色金属冶炼和压延加工业、通用设备制造业的产能利用率出现小幅上升，但仍没有达到 79% 的标准线。医药制造业产能利用情况在金融危机之后呈现上升趋势，但是自 2013 年起开始振荡下滑，2018 年产能利用率仅为 77.78%。从近三年的数据来看，食品制造业和农副食品加工业也属于产能利用率比较低的行业。化学纤维制造业、交通运输设备制造业、纺织服装业、家具制造业、化学原料和化学制品制造业虽然近三年几乎没有出现产能过剩的情况，但从长期趋势来看，属于易发生产能过剩的行业。以上这些行业大多是《国务院关于化解产能严重过剩矛盾的指导意见》以及工信部向社会公布化解产能过剩目标行业中多次提到的相关行业。

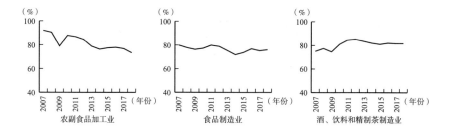

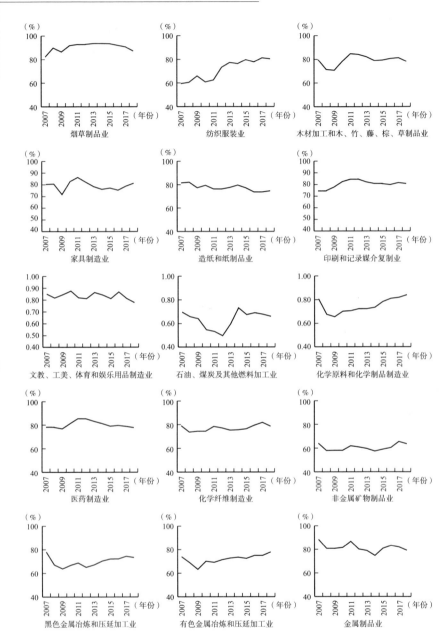

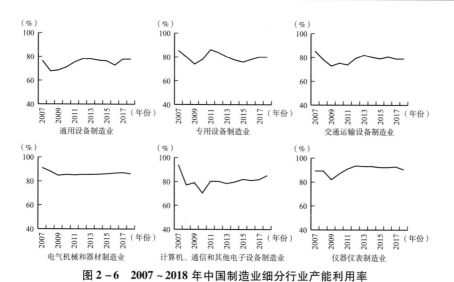

图2-6　2007~2018年中国制造业细分行业产能利用率

印刷和记录媒介复制业、计算机、通信和其他电子设备制造、酒/饮料和精制茶制造业、金属制品业、专用设备制造业的产能利用率长期分布于79%~82%的合意区间。仪器仪表制造业和烟草制品业的年均产能利用率则高达90.44%和90.6%，属于产能利用不足行业。文教/工美/体育和娱乐用品制造业、电气机械和器材制造业的产能利用率分别为83.28%和86.52%，个别年份高于90%，应该警惕产能不足可能引发的市场价格上涨。

2.2.4　产能过剩行业的判定

为方便后续研究，我们将对产能过剩行业做出明确的判定，并对相关行业过剩的程度进行甄别。不失一般性，参考现有研究，产能利用率不足79%的行业为产能过剩，低于75%为严重过剩（江源，2006；戚向东，2006；汪进，2010；韩国高等，2011）。考虑到测算中的误差在所难免，为有效降低误判，不宜只选取某一年数据作为判断依据。同时，考虑到产能利用率的动态变化性，若追溯期限太长，可能会造成过度治理而导致"产能不足"，故而这里选用2018年最新数据和近三年平均值进行判断。若最新数据和三年均值都低于79%，则认定为产能过剩，低于75%则为严重过剩。

通过考察 24 个行业近三年的产能利用率和平均值，我们发现非金属矿物制品业、石油/煤炭及其他燃料加工业、黑色金属冶炼和压延加工业、造纸和纸制品业 4 个行业无论是最新年份数据还是三年平均值均低于 75%，属于严重产能过剩行业（见表 2-3）。有色金属冶炼和压延加工业、通用设备制造业、食品制造业、农副食品加工业 4 个行业，连续三年产能利用率均不足 79%，且平均值在 75%~79%，属于一般性产能过剩行业。同时，我们注意到医药制造业 2016 年的产能利用率为 79.60%，位于合意区间，但是 2017 年和 2018 年连续下滑到 79% 水平以下，分别为 78.85%、77.78%，近三年平均值仅为 78.74%，不足 79%，考虑到其下滑趋势，在咨询相关领域专家以后，仍认定该行业存在轻度产能过剩。

表 2-3 产能过剩行业

行业名称	所属产业类型	2016 年（%）	2017 年（%）	2018 年（%）	3 年平均（%）	类型
有色金属冶炼和压延加工业	资本密集型	74.96	74.79	77.93	75.89	过剩
食品制造业	劳动密集型	76.91	75.30	76.12	76.11	过剩
农副食品加工业	劳动密集型	77.92	76.83	73.33	76.03	过剩
医药制造业	技术密集型	79.60	78.85	77.78	78.74	过剩
通用设备制造业	技术密集型	72.81	77.90	78.29	76.33	过剩
非金属矿物制品业	资本密集型	60.44	65.48	63.56	63.16	严重过剩
石油、煤炭及其他燃料加工业	资本密集型	69.03	67.78	66.02	67.61	严重过剩
黑色金属冶炼和压延加工业	资本密集型	71.61	74.37	73.36	73.12	严重过剩
造纸和纸制品业	资本密集型	73.73	73.42	74.68	73.94	严重过剩

1. 严重过剩行业

非金属矿物制品业中水泥和平板玻璃一直是政府产能过剩的重点治

理目标。该行业的产能利用率一直在低水平徘徊（见图 2 – 7），2007 年的产能利用率为 64%，2008 ~ 2010 年仅维持在 58% 左右，远低于同期制造业的平均水平。2009 年，国家发展和改革委等部门联合发布《关于抑制部分行业产能过剩和重复建设指导产业健康发展的若干意见》，要求各地对水泥和平板玻璃严控新增产能，淘汰落后产能。随后，非金属矿物制品业的产能利用水平得到整体提升，2011 年达到 61.91%，较 2009 年提升 3.8 个百分点。自 2012 年以后，由于经济增长速度的放缓，水泥、平板玻璃等的需求出现下滑，加上前期非理性投资行为，非金属矿物制品业的产能利用率呈现震荡下滑之势。2017 年和 2018 年虽然有所回升，但是产能过剩的根本问题并没有得到有效解决。

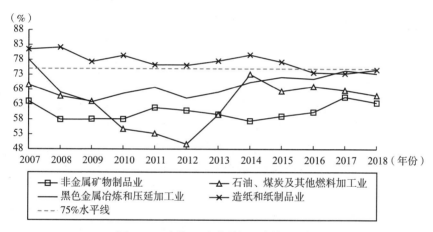

图 2 – 7　产能严重过剩行业产能利用率

2007 ~ 2018 年，石油、煤炭及其他燃料加工业的产能利用率平均只有 63.34%，特别是 2012 年一度跌至 49.65% 的最低点，近年来虽然有所回升，但是基本处在 70% 以下水平。该行业中的煤炭加工（含炼焦）产能过剩已经成为常态，自金融危机开始，国内外需求迅速下降，为了逆转经济下行趋势，政府采取了投资推动和货币宽松政策，资金大量流向煤炭等行业，导致产能过剩再一次被放大。由于非化石能源对煤炭的替代作用不断增强，煤炭需求总量增长空间越来越小，未来煤炭加工行业的产能过剩压力依旧很大。

黑色金属冶炼和压延加工业中的炼钢、炼铁、铁合金冶炼等行业是产能过剩治理的重点行业。2009 年，整个行业的产能利用率下降至 63.81%，为近十二年最低水平。自 2014 年开始，在国务院制定的《关于化解产能严重过剩矛盾的指导意见》等的指导下，各级政府采取了"淘汰和退出落后产能"等一系列治理措施，黑色金属冶炼和压延加工业的产能过剩问题不断改善，2017 年产能利用率已经达到 74.37%。

造纸和纸制品业 2007～2018 年的平均产能利用率为 77.43%。近年来该行业的产能利用率呈震荡下滑态势，近三年的产能利用率均在 73%～75%。造纸和纸制品业属于结构性产能过剩，主要表现为产品同质化、技术创新能力不强造成的中低档纸产能过剩，而高档纸生产和供给则略显不足。除此之外，近年来经济发展新常态和美国贸易保护主义抬头造成的内外需求下降，特别是其他行业出口下降致使商品包装用纸的减少，以及电子书籍、无纸化办公等带来的冲击，都使得造纸和纸制品业产能过剩问题被进一步放大，优化结构、淘汰落后产能迫在眉睫。

2. 一般性过剩行业

有色金属冶炼和压延加工业中的常用有色金属冶炼（包含铝冶炼、铜冶炼、铅锌冶炼等）一直是近年来政府产能过剩治理的重点行业。该行业 2007～2018 年平均产能利用率仅有 71.92%，在金融危机期间更是一度跌落至 63.19%。电解铝等有色金属行业是最早被政府划分为产能过剩的行业，近年来工信部等部门推出严格控制在建项目、鼓励产业链上下游企业垂直整合、鼓励国内企业"走出去"等一系列措施，缓解了该行业产能过剩情况。2016 年和 2017 年整个行业的产能利用率接近 75%，2018 年进一步升高到 77.93%。尽管该行业产能利用率提升较快，但是由于前期大量落后产能的积累，淘汰落后产能的压力依旧比较大。

食品制造业近十二年的平均产能利用率仅为 76.64%，且整体呈现下滑趋势，出现了一定程度的产能过剩。该行业低端产品产能相对过剩，中高端产品相对不足。例如，方便食品制造业由于产品同质化高、企业创新能力弱，自 2013 年起，销量开始低迷，加上外卖市场上替代品的冲击，市场环境持续恶化。类似的，受进口乳品低价冲击，乳制品制造业也出现了较为严重的结构性过剩。提高产品质量、优化产品结构是提升该行业产能利用率的关键所在（见图 2-8）。

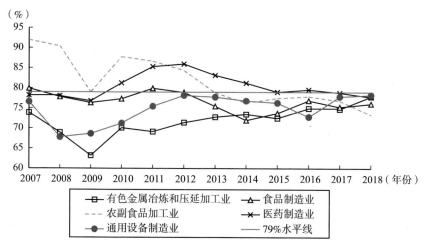

图 2 - 8　一般性过剩行业产能利用率

农副食品加工业 2007～2018 年的平均产能利用率虽然高达 81.74%，但是从近几年的数据来看该产业一直处于产能过剩状态，近三年的平均利用率只有 76.03%。特别是该行业中的谷物加工和植物油加工，存在整体产能过剩与产能不断扩张并存、产能过剩与固定资产投资扩张并存、产能过剩与企业经营低效率并存等现象（薛平平和张为付，2019）。中国虽然是农副产品生产和销售大国，但是农副食品加工业行业集中度较低，深加工产业相对落后，存在一定的去产能压力。

通用设备制造业的产能利用率一直徘徊于 79% 的水平线以下，2007～2018 年的平均产能利用率仅为 74.82%。从发展趋势来看，该行业产能利用率呈周期性变化，至少出现了两轮较为严重的产能过剩。第一轮，金融危机前后：金融危机之前的 2003～2007 年是通用设备制造业的高速增长期，产能扩张十分明显（唐晓华和李绍东，2010），之后受金融危机影响，2008～2009 年的产能利用率跌落至 67%～69%。第二轮，2015 年前后：经济危机之后政府推出救市计划，在四万亿投资刺激下通用设备制造业又有过一轮爆发式增长，在投资扩张"后遗症"和冶金、火力发电等传统市场需求不景气的双重冲击下，行业产能出现过剩。

医药制造业 2007～2018 年的年均产能利用率为 80.44%，金融危机时跌至 76.80%，2012 年提升至 85.97%，之后呈下降趋势，2017 年和

2018 年均出现了轻度过剩。近年来，中国经济持续稳步增长，居民健康意识和消费水平不断提高，加上人口老龄化问题加重，医药制造业不断加大投资。由于研发能力提升幅度有限，中国高端药品发展相对滞后，某些低端药品逐渐出现生产过剩，导致整个医药制造业显现出一定程度的产能过剩。

2.3 本章小结

本章主要选取了中国制造业产能过剩的测算方法、判断标准，对产能过剩情况进行了测算。根据测算结果深入分析了制造业产能过剩的特征，并对过剩行业进行了判断和识别。主要研究包括：

第一，经过筛选和比较选用随机前沿分析法（SFA）方法来测算制造业分行业产能过剩情况，并参考学术界的一般做法，确定 79% ~ 82% 为产能利用率的合意区间。选择 2007 ~ 2018 年中国制造业 24 个分行业数据对产能利用率进行测度。

第二，对制造业产能过剩测算结果进行分析，发现：其一，从总体样本来看，2007 ~ 2018 年中国制造业的平均产能利用率为 77.96%，存在产能过剩问题。其二，按要素密集度来划分，资本密集型行业年平均产能利用率最低，仅为 74.16%，且长期徘徊于 79% 的标准线以下，产能过剩情况较为突出；按轻重工业划分来看，轻工业的平均产能利用率为 79.76%，位于合意区间，重工业的产能利用率为 76.43%，低于轻工业，存在产能过剩。其三，详细分析了每个行业产能利用情况，对过剩行业进行了初步识别。其四，对产能过剩行业进行了判定和识别，共有 9 个行业存在产能过剩问题。非金属矿物制品业、石油/煤炭及其他燃料加工业、黑色金属冶炼和压延加工业、造纸和纸制品业 4 个行业产能严重过剩；有色金属冶炼和压延加工业、通用设备制造业、食品制造业、农副食品加工业、医药制造业 5 个行业存在一般性产能过剩问题。

第3章 国际产能合作化解制造业产能过剩矛盾的理论机理与实证检验

本章拟构建国际产能合作化解产能过剩的理论机制，并对化解效果进行检验，这是利用国际产能合作治理产能过剩的理论支撑和经验证据。围绕这一主题，本章将进行三部分研究：首先对国际产能合作的现状进行梳理，以便把握当前制造业国际产能合作的形势和特点；其次构建国际产能合作化解制造业产能过剩的理论框架，分析国际产能合作影响产能利用率的直接和中介效应渠道；最后基于倍差法和准自然实验的思路建立实证模型，利用倾向得分匹配法为 2009～2013 年中国制造业对外投资企业找到可供比较的对照组，运用倍差法对基础模型和中介效应模型进行检验，并进行异质性和稳健性检验。

3.1 中国制造业开展国际产能合作的现状

全球金融危机以后，中国依靠对外贸易拉动经济增长的传统发展模式难以为继，开始由全球商品供应者向资本供应者转变。国际产能合作主要通过对外直接投资等方式将富余的优质产能向国外转移，既有利于中国化解产能过剩的痼疾、实现结构的深度调整和优化升级，又能满足发展中国家基础设施建设的需要和对先进装备与工业生产线的需求，还可以为实施"再工业化"的发达国家提供经济增长动力。中国制造业国际产能合作主要是以企业为主体进行的对外直接投资，是企业"走出去"战略的升级。

3.1.1　中国对外产能合作规模和范围日益扩大

自 2013 年习近平总书记提出"一带一路"倡议以来，中国对外投资合作步伐不断加快。从投资存量看，目前中国已经成为全球第二大对外直接投资国。截止到 2018 年底，中国对外直接投资存量已达 19822.7 亿美元，较 2017 年末增加 1430.4 亿美元，占全球对外直接投资存量的 6.4%。从投资流量看，2016 年中国全年对外投资达 1961.5 亿美元，创历史新高。2017 年对外直接投资流量为 1582.9 亿美元，较 2016 年减少 19.3%，为 2007 年以来中国对外直接投资流量的首次负增长。2018 年中国对外直接投资流量为 1430.4 亿美元，同比下降 9.6%（见图 3 – 1）。连续两年的下降，主要原因可能在于，中国政府加强了企业对外直接投资的合规性、真实性等方面的审查，使得企业对外直接投资更趋成熟和理性。

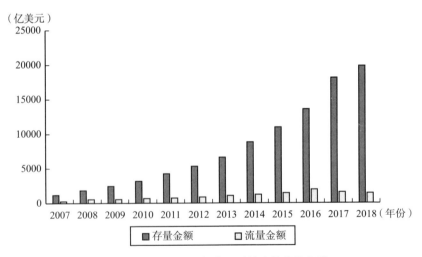

图 3 – 1　2007 ~ 2018 年中国对外直接投资规模

资料来源：历年《中国对外直接投资统计公报》。

从合作地区分布来看，截至 2018 年末，中国对外直接投资共分布在 188 个国家（地区）。其中，亚洲地区为中国企业的第一大投资目标，中国企业在亚洲的投资存量高达 12761.4 亿美元，占比 64.4%。这些亚洲国家（地区）大多分布在"一带一路"沿线，吸引投资最多的为中国香港，占亚洲存量的 86.2%。第二大投资目标为拉丁美洲，投资存量达 4067.7 亿美元，占 20.5%，其中开曼群岛和英属维尔京群岛占拉丁美洲地区投资存量的 95.8%。对欧洲的投资存量为 1128 亿美元，占比 5.7%。对北美洲的对外直接投资存量为 963.5 亿美元，占 4.9%。对非洲的对外直接投资存量为 461 亿美元，占 2.3%。对大洋洲的对外直接投资存量为 441.1 亿美元，占 2.2%（见图 3-2）。此外，从投资目标国的经济发展水平来看，中国对外直接投资存量的 86.2% 分布在发展中经济体，12.3% 分布在发达经济体，1.5% 分布在转型经济体。中国对外直接投资偏好发展中经济体，主要原因可能在于：一方面，发展中经济体一般经济发展缓慢，工业发展缺乏动力，而中国在经济转型的特殊时期生产了过剩的产能，将过剩产能转移至这些地区有助于中国顺利度过经济转型的特殊时期；另一方面，使用发展中经济体廉价的劳动力和充裕的自然资源可以降低生产成本。中国对发达经济体进行的投资合作主要包括服务类投资，如金融业、批发和零售业、信息传输/软件和信息技术服务业等，以及制造业中的技术寻求型，后者主要在发达经济体设立研发中心，以获得"逆向技术溢出"并通过一系列传导机制带动企业转型升级。

49

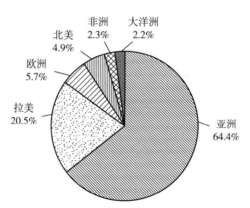

图 3-2 截至 2018 年末中国对外直接投资存量分布情况
资料来源：2018 年《中国对外直接投资统计公报》。

从合作行业结构来看，2018 年中国对外直接投资流向涵盖了国民经济的 18 个行业，租赁和商务服务业、金融业、制造业、销售和零售业四大传统行业对外直接投资总额达 1338.5 亿美元，占全年总流量的 72.6%。流向四大传统行业的投资额均超过百亿美元，其中租赁和商务服务业 507.8 亿美元，占 35.5%，金融业 217.2 亿美元，占全年总流量的 15.2%，制造业 191.1 亿美元，占 13.4%，批发和零售业 122.4 亿美元，占 8.6%。其余对外直接投资规模较大的行业包括：信息传输/软件和信息技术服务业的投资额为 56.3 亿美元，占全年流量总额的 3.9%；交通运输/仓储和邮政业的投资额为 51.6 亿美元，占全年流量的 3.6%；电力/热力/燃气及水的生产和供应业的投资额为 47 亿美元，占全年流量总额的 3.3%；采矿业投资额为 46.3 亿美元，占全年流量的 3.2%；科学研究和技术服务业的投资额为 38 亿美元，占全年流量总额的 2.7%；建筑业的投资额为 36.2 亿美元，占全年流量的 2.5%。需要特别说明的是，2018 年流向采矿业的投资额为 46.3 亿美元，但 2017 年该行业的对外投资额却为负值，这主要是因为境外企业归还境内投资主体股东贷款（即收回投资）的金额增多，同时也说明企业的投资更趋理性化（见表 3-1）。

表 3-1 　　　　　2018 年中国对外直接投资行业分布情况表

行业	存量（亿美元）	占比（%）	流量（亿美元）	占比（%）
租赁和商务服务业	6754.7	34.1	507.8	35.5
批发和零售业	2326.9	11.7	122.4	8.6
金融业	2179.0	11.0	217.2	15.2
信息传输/软件和信息技术服务业	1935.7	9.8	56.3	3.9
制造业	1823.1	9.2	191.1	13.4
采矿业	1734.8	8.8	46.3	3.2
交通运输/仓储和邮政业	665.0	3.4	51.6	3.6
房地产业	573.4	2.9	30.7	2.1
科学研究和技术服务业	442.5	2.2	38	2.7
建筑业	416.3	2.1	36.2	2.5
电力/热力/燃气及水的生产和供应业	336.9	1.7	47	3.3

行业	存量（亿美元）	占比（%）	流量（亿美元）	占比（%）
农/林/牧/渔业	187.7	0.9	25.6	1.8
居民服务/修理和其他服务业	167.2	0.8	22.3	1.6
文化/体育和娱乐业	126.6	0.6	11.7	0.8
教育	47.6	0.2	5.7	0.4
住宿和餐饮业	44.0	0.2	13.5	0.9
水利/环境和公共设施管理业	31.3	0.2	1.8	0.1
卫生和社会工作	30.0	0.2	5.2	0.4
总计	19822.7	100.0	1430.4	100.0

资料来源：2018 年《中国对外直接投资统计公报》。

3.1.2　制造业成为对外产能合作的主力军

经过多年发展，中国已经成为世界顶级制造业大国，制造业基础深厚，产业链完整，体系丰富。中国制造业"走出去"被视为实现产业升级和产能转移的有效途径，在国家政策和市场的双重驱动下，无论是从投资额还是占比，制造业对外投资不断攀升。据商务部统计，2016年中国制造业对外投资额高达 310.6 亿美元，创历史新高，占当年总投资的 15.83%。2017 年对外投资额略有下降，为 294.42 亿美元，占比却上升至 18.6%。2018 年投资额为 191.1 亿美元，占当年总投资的 11.04%。截至 2018 年底，中国制造业累计投资达 1823.1 亿美元（见图 3 - 3）。

从区位选择的角度来看，亚洲是中国制造业的第一大投资目的地。以 2018 年为例，全年制造业对外投资额为 191.10 亿美元，其中 50.34 亿美元流向香港，44.97 亿美元流向东盟，分别占 26.34% 和 23.53%。香港地区地理位置优越，与中国内地文化较为接近，一直是内地企业"走出去"的重要投资地区，因此该地区也成为中国内地制造业累计投资最多的地区，截至 2018 年末，内地制造业对港投资存量高达 754.22

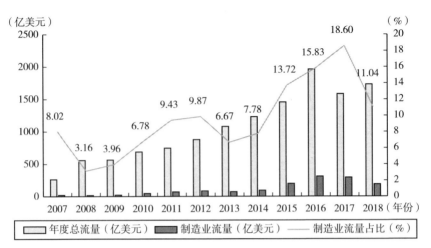

图 3-3　2007~2018 年中国制造业对外直接投资流量

资料来源：历年《中国对外直接投资统计公报》。

亿美元。东南亚大多数国家，则是靠低廉的劳动力价格、较小的文化差异和充裕的自然资源吸引了中国制造业大量投资。特别是随着近年来国内劳动力价格持续上升，中国制造业企业不断地将产业链低端的产能转移至周边发展中国家或经济体，东盟成为很多企业的投资首选地。此外，由于生产技术水平先进，欧盟和美国市场也吸引了中国制造业大量投资，很多企业在当地设立了研发中心和商贸服务公司。2018 年中国制造业对欧投资达 40.10 亿美元，存量累计 267.44 亿美元；对美投资40.10 亿美元，存量累计 177.69 亿美元（见表 3-2、图 3-4）。

表 3-2　　　　2018 年中国制造业对外直接投资区位分布情况

国家或地区	流量（亿美元）	占比（%）	存量（亿美元）	占比（%）
中国香港	50.34	26.34	754.22	41.37
东盟	44.97	23.53	214.18	11.75
欧盟	40.1	20.98	267.44	14.67
美国	30.81	16.12	177.69	9.75
澳大利亚	8.1	4.24	23.27	1.28
俄罗斯	2.1	1.10	17.6	0.97
其他地区	14.68	7.68	368.7	20.22

资料来源：2018 年《中国对外直接投资统计公报》。

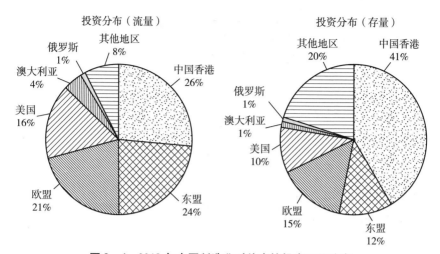

图3-4 2018年中国制造业对外直接投资区位分布

资料来源：2018年《中国对外直接投资统计公报》。

从对外投资分行业来看，中国制造业中发展最快、体系最完善、门类最健全的装备制造业，其对外投资额占制造业对外投资份额的一半以上。2018年，装备制造业企业对外投资108亿美元，约占制造业对外直接投资总额的56.5%。其中流向汽车制造业的投资额为43亿美元，占制造业对外直接投资额的22.5%；流向计算机/通信及其他电子设备制造业的投资额为23.7亿美元，占制造业对外直接投资额的12.4%；流向专用设备制造业的投资额为15.1亿美元，占制造业对外直接投资额的7.9%；流向铁路/船舶/航空航天和其他运输设备制造业的投资额为6亿美元，占制造业对外直接投资额的3.1%；流向通用设备制造业的投资额为6亿美元，占制造业对外直接投资额的3.1%；流向仪器设备制造业的投资额为1.2亿美元，占制造业对外直接投资额的0.63%。除装备制造业以外，医药制造业、金属制品业、有色金属冶炼和延压加工业的投资规模也较大，均超过了10亿美元，分别为13.7亿美元、13亿美元和11.6亿美元（见图3-5）。

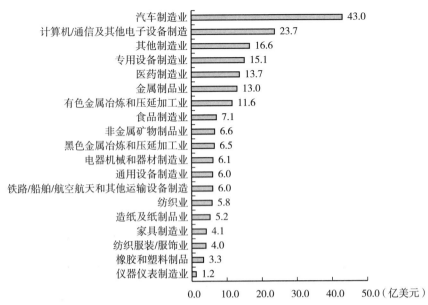

图 3 - 5　2018 年制造业各行业对外直接投资情况

资料来源：2018 年《中国对外直接投资统计公报》。

54

3.1.3　"一带一路"沿线国家成为中国对外产能合作的主要目标国

2015 年 3 月，国家发展改革委、外交部、商务部联合发布了《推动共建丝绸之路经济带和 21 世纪海上丝绸之路的愿景与行动》，旨在推进"一带一路"倡议的实施，该倡议以政策沟通、设施联通、贸易畅通、资金融通、民心相通为主要内容，为国际产能合作打下了坚实的基础；以共商、共建和共享为原则，使得亚欧非各国之间相互联系更加密切，为国际产能合作提供了重要保障。之后，为推进"一带一路"倡议的进一步实施，国务院、国家发展改革委等部门先后出台了多项政策鼓励企业"走出去"，国际产能合作逐渐成为中国对外经济合作的重心。

2018 年，中国对"一带一路"沿线国家投资达 178.9 亿美元，占当年中国对外直接投资流量的 12.5%，其中流向制造业 58.8 亿美元。中国在"一带一路"沿线投资高度集中，2018 年九成以上的投资流向了排名前十位的国家，这些国家分别为：新加坡、印度尼西亚、马来西亚、老挝、越南、阿联酋、韩国、柬埔寨、俄罗斯、孟加拉国。其中对新加坡投资 64.1 亿美元，占对"一带一路"沿线国家投资总额的 35.8%；对印度尼西亚投资 18.65 亿美元，占对沿线国家投资总额的 10.4%；对马来西亚投资 16.63 亿美元，占对沿线国家投资总额的 9.3%；对老挝投资 12.42 亿美元，占对沿线国家投资总额的 6.9%；对越南投资额为 11.51 亿美元，占对沿线国家投资总额的 6.4%；对阿联酋的投资额为 10.81 亿美元，占对沿线国家投资总额的 6%；对韩国的投资额为 10.34 亿美元，占对沿线国家投资总额的 5.8%；对柬埔寨的投资额为 7.78 亿美元，占对沿线国家投资总额的 4.3%；对俄罗斯的投资额为 7.25 亿美元，占对沿线国家投资总额的 4%；对孟加拉国的投资额为 5.44 亿美元，占对沿线国家投资总额的 3%（见图 3 - 6）。

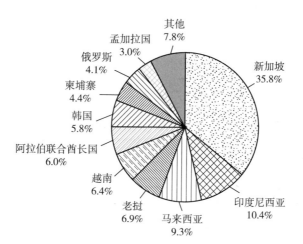

图 3 - 6　2018 年中国对"一带一路"沿线国家投资流量分布

资料来源：2018 年《中国对外直接投资统计公报》，国泰安数据库。

　　截至 2018 年末，中国在"一带一路"国家的存量为 1727.7 亿美元，占总存量的 8.7%。中国企业对"一带一路"沿线国家投资存量排名前十位的国家累计投资达 1262.18 亿美元，占对沿线国家总投资的 73.1%。这些国家包括新加坡、俄罗斯、印度尼西亚、马来西亚、老挝、哈萨克斯坦、韩国、阿联酋、柬埔寨和泰国。其中，对新加坡的投资存量为 500.94 亿美元，位居"一带一路"沿线国家榜首；对俄罗斯的投资存量为 142.08 亿美元，位列第二；对印度尼西亚的投资存量为

128.11 亿美元，位列第三；对马来西亚的投资存量为 83.87 亿美元，位列第四；对老挝的投资存量为 83.1 亿美元，位列第五；对哈萨克斯坦的投资存量为 73.41 亿美元，位列第六；对韩国的投资存量为 67.1 亿美元，位列第七；对阿联酋的投资存量为 64.36 亿美元，位列第八；对柬埔寨的投资存量为 59.74 亿美元，位列第九；对泰国的投资存量为 59.47 亿美元，位列第十（见图 3 - 7）。

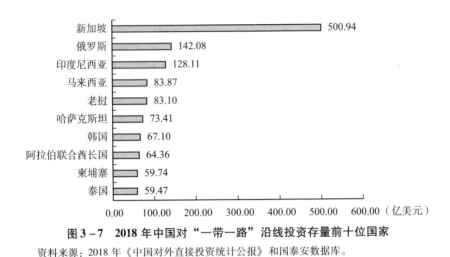

图 3 - 7　2018 年中国对"一带一路"沿线投资存量前十位国家

资料来源：2018 年《中国对外直接投资统计公报》和国泰安数据库。

目前，中国企业在"一带一路"沿线国家设立的境外企业数达 1 万多家，涉及国民经济的 18 个行业大类，主要涵盖能源电力、交通运输、制造业、信息技术、农业等部门。

3.2　国际产能合作化解制造业产能过剩矛盾的理论机理

随着中国"走出去"战略和"一带一路"倡议的推进，有效开展国际产能合作已经成为治理中国产能过剩问题的新途径（张洪和梁松，2015；李雪松等，2017）。中国制造业企业对外投资按投资动机可以分为商贸服务、当地生产、技术寻求、资源寻求等类型，不同的投资动机可以产生产能转移、出口贸易、投资分流和逆向技术溢出等一种或多种经济效应（蒋冠宏和蒋殿春，2014；宋林和谢伟，2016；李梅和柳士昌，2012；项本武，2007），并进而通过生产侧或需求侧作用于企业的产能产出（曹献飞和裴平，2019），达到提升产能利用率的效果。此外，企业对外投资后将面临更激烈的国际竞争，会倒逼企业进行技术创新和产品升级，有助于企业缓解产能过剩（杜威剑和李梦洁，2015；杨振兵，2015；刘建勇和江秋丽，2019）。

本书认为，企业通过对外直接投资化解产能过剩的渠道主要有直接和中介两类渠道。直接渠道是指企业通过对外直接投资对企业产能利用率产生的直接影响。另外，对外直接投资还将通过出口和技术进步两条中介渠道影响产能利用率。

3.2.1　国际产能合作化解产能过剩的直接渠道

国际产能合作化解产能过剩的直接渠道主要表现在产业转移效应和投资替代效应两个方面。

1. 产业转移效应

产业转移效应是指中国企业通过与发展中国家的产能合作，减少国内边际产业的生产，优化配置企业资源，将生产要素布局于新技术、新产品的研发，通过提升整个企业乃至行业的技术水平，有效化解过剩产能。

边际产业扩张理论是由日本经济学家小岛清在 1978 年出版的《对外直接投资论》中提出的，该理论认为国际直接投资应从投资国的现有或潜在比较劣势产业（即边际产业）依次向国外转移，这些边际产业对于东道国来说是比较优势产业，可以有效解决东道国缺少资本、技术和经营管理经验的困境，提高东道国的产品和产业竞争力。该理论较好地解释了日本 20 世纪六七十年代的对外直接投资浪潮。对于投资国而言，边际产业转移一方面可以减少国内生产，从供给侧直接减轻了国内产能过剩压力；另一方面有利于经济资源和生产要素配置的优化，把国内现有资源集中于开发和生产高附加值产品，实现价值链从低附加值向高附加值的攀升，推动传统产业转型升级，有效提高产能利用率。对于发展中国家而言，相对于发达国家的产业转移，中国的技术更适合其国情，更容易被消化、利用和吸收，从而实现双方产业共同升级，在国际

57

分工中"双赢"。

2. 投资替代效应

投资替代效应指的是企业在选择对外直接投资的同时，会减少国内投资，从供给侧减轻了国内产能过剩压力。发展中国家的企业容易对有前景的产业产生共识，从而出现投资潮涌现象，大量资金在短期内涌向同一行业，从而造成一轮又一轮的产能过剩问题（林毅夫，2010）。企业进行对外直接投资与国内投资之间存在竞争关系，即境外投资会对国内投资产生替代作用（史蒂文斯等，1988；费尔德斯坦，1994；项本武，2007），从而在一定程度上减轻或避免了潮涌现象引发的产能过剩。境外和国内投资存在替代性的原因主要在于：一方面企业外部融资成本不断递增，企业进行对外直接投资不得不减少国内投资和生产（史蒂文斯等，1988）；另一方面，很多企业在东道国往往存在融资难题，能利用的外部借贷资源十分有限，只能更多地从母公司借贷，境外投资减缓或替代了母公司的境内投资（德赛等，2004）。

3.2.2 国际产能合作化解产能过剩的出口中介渠道

1. 国际产能合作可以影响企业出口

对外直接投资既可能会产生贸易"创造"，又可能会产生贸易"挤出"，对出口的影响取决于二者的合力。

第一，贸易创造效应。贸易创造效应是指对外直接投资对出口的拉动作用，作用大小取决于投资类型及投资后的贸易形式。20 世纪 90 年代，日本经济学家小岛清提出，对投资国而言对外投资能扩大本国对东道国资本密集型产品的出口，产生贸易创造效应。很多学者认为尽管投资动机不同，制造业企业对外投资总体上促进了出口（马库斯，1995；布隆尼根，2005；蒋冠宏和蒋殿春，2014；毛其淋和许家云，2017）：其一，商贸服务类投资是中国制造业对外投资的最主要形式，该类投资以市场寻求为目的，不在东道国设厂生产，主要职能包括进出口业务、市场开拓、客户维护等方面，可以降低企业进入国际市场的成本，扩大企业出口。其二，当地生产类投资对于出口的影响取决于企业直接投资后的贸易形式，很多企业在东道国生产最终产品需要从母国进口配件、原材料等中间产品，从而拉动投资国对东道国出口。其三，与前面两类投资类型不同，技术寻求型投资的目的是获取发达东道国的先进技术，或利用当地技术进行产品研发和技术创新。通常情况下这类投资不会直接产生贸易创造效应，而是通过"逆向技术溢出"提升母公司的技术水平和创新能力，进一步提高产品的国际市场竞争力。其四，资源寻求型主要投资于油气和矿产资源丰富的国家，该类投资由投资国提供资金、生产设备、技术甚至劳务，能间接促进母公司的生产设备、技术和其他配套设备出口。

第二，贸易替代效应。对外直接投资也可能会抑制投资国企业的出口，其潜在的路径表现为：其一，蒙代尔（Mundell，1957）最早指出贸易替代效应的存在，认为要素流动会在一定程度上替代产品流动。根据要素禀赋理论，长期来看对外直接投资引发的资本跨国流动会降低投资国和东道国之间的要素禀赋差异和要素价格差异，双方贸易量会随着要素禀赋的趋同而缩小。其二，产品生命周期理论（弗农，1966）表明当地生产类投资可能会对母国企业的出口产生替代作用。产品进入标准化阶段以后，企业会选择去生产成本更低的国外生产，然后向东道国或其他第三国销售，在一定程度上替代母国企业的出口。其三，长远来看，对外投资企业在东道国设厂生产的过程中，可能会产生"技术外溢"，东道国企业通过模仿掌握产品的生产和制造技术，并开始生产该产品在当地销售，甚至逐步成长为同类产品的出口企业，从而进一步对投资国企业产生替代作用。其四，企业当地生产型还可能会产生"第三国效应"（蒋冠宏和蒋殿春，2014）。随着国内要素价格特别是劳动力成本的上升，一些企业为降低生产成本，纷纷选择生产成本较低的东道国进行生产，然后把产品出口到第三国市场。中国企业在东南亚和非洲地区进行的生产型投资多属于此种情况。"第三国效应"还包括为逾越国际贸易壁垒而进行的投资。近年来，由于贸易保护主义和逆全球化的抬头，各种关税和非关税措施限制了中国企业的出口。基于上述考虑，部分企业为规避东道国较高的关税和非关税壁垒，选择去目标市场国或者其邻近国家进行生产，比如中国企业对墨西哥或东欧国家进行投资生产，目的是把产品输出到美国或欧洲等市场。总之，这种"第三国效应"可能会替代中国企业的出口。

2. 国际产能合作能够通过影响出口促进企业产能利用率提高

产能利用率一般被定义为实际产出与产能产出的比值，在市场上则往往表现为产品供给大于需求。出口产生的各种经济效应，会直接或间接作用于生产侧或消费侧，进而缓解产能过剩矛盾。出口提高产能利用率的机理在于：

其一，通过开拓国际市场扩大外需，一方面可以实现"去库存"，直接缓解供大于求的现象；另一方面可以激励企业提高实际产出，在产能产出既定的情况下，产能利用率（二者比值）得到提升。

其二，企业通过出口可以获得规模经济效应，这一论断最早是由日本经济学家小岛清（1987）提出的，基于对经济一体化组织成员国之间贸易的研究，他指出通过国际分工，企业产品将供应国内国外两个市场，引发规模效应。获得规模效应的企业，由于长期平均成本的下降，企业获利能力上升，可以有更多资金用于研发，有利于企业转型升级。同时，成本的下降也意味着比较优势的增强，有利于企业进一步扩大出口和化解产能（刘军，2016）。

其三，由于不同国家消费需求偏好存在差异，出口产品需要不断地完善和改进才能符合国外消费者的需求，故企业会通过升级生产设备、研发创新等方式提高产品性能，获取更多的市场份额；另外，由于企业面临国际国内两个市场的同行竞争时，会加大研发投入以提高产品的竞争力，促进企业产品升级和结构调整，有助于企业提高产能利用率（钱学锋等，2011）。

3.2.3 国际产能合作化解产能过剩的技术进步中介渠道

1. 国际产能合作可以影响企业技术进步

从理论上说，国际产能合作对企业技术进步的影响是通过"逆向技术溢出""国际竞争效应""产业关联效应"实现的。

第一，逆向技术溢出效应。马歇尔（Marshall，1890）在《经济学原理》一书中首次对经济的外部性理论进行了阐述，技术溢出概念的提出正是源自该理论。发展中国家通过对发达国家进行投资，可以获得

"逆向"技术溢出效应。在东道国的技术水平高于投资国的前提下，投资国企业借助一系列的扩散效应、演示—模仿效应、产业关联效应、人员培训效应实现本国技术进步和升级（李梅和柳士昌，2012；温湖炜，2017）。逆向技术溢出不仅能够促进企业对前沿技术的模仿，甚至能帮助企业实现技术赶超（科格特等，1991）。作为后发型国家，目前中国开展的技术寻求型直接投资绝大多数都流向了高收入国家，主要目的之一就是获取先进国家的技术和提高自身创新能力。例如，计算机、医药、机械制造等领域的许多企业都在美国、欧洲、日本等地设立了研发中心。这类投资对于产能的影响，不是通过拉动外需来直接化解产能过剩，而是通过逆向技术溢出提升了母公司的技术水平、研发能力和技术创新效率，提高了企业的管理水平，从而间接克服产能过剩的痼疾。

第二，国际竞争效应。对外直接投资企业面临的是广阔的国际市场，与其他国家具有竞争力的企业进行竞争，激烈的国际竞争会促使企业改进生产工艺和提高产品质量，以满足扩大市场份额和提高产品溢价的需求。投资企业在提升自身国际竞争力的同时，也给本国同类企业增加了竞争压力，促使本国同类企业加快产品升级换代和技术革新的步伐。更进一步地，本国市场上的同类企业在竞争机制的作用下不断地优胜劣汰，带来整个产业结构不断优化，产能过剩矛盾将得到缓解。

第三，产业关联效应。根据产业关联理论，对外投资企业在提升技术水平的同时，还会对相关上下游产业产生传导和辐射，倒逼上下游产业进行技术升级。一方面，对外投资企业通过吸收和学习国外新技术以后，生产出更为先进的设备和产品，可以促进下游企业淘汰落后设备，提高生产效率；另一方面，对外投资企业会对中间投入品提出更高的技术要求，倒逼上游中间品供货厂家进行产品创新和升级。

2. 国际产能合作能够通过技术进步促进企业产能利用率提高

技术水平会限制产业结构的调整，技术水平不高是导致很多行业产能过剩的原因（佩蒂特等，1996），企业可以通过技术进步提高产能利用水平（杨振兵，2016；马轶群，2017；陈启帆，2017）。技术进步化解产能过剩的机理在于：其一，技术进步能影响企业的投资决策，改变企业的投资行为和投资方向，减少投资的"趋同化"和"同质化"引发的"潮涌"现象，减少低质量同质产品的供给；其二，技术进步可以提高行业的技术门槛，充分发挥和调度市场机制，通过优胜劣汰来淘汰落后产能；其三，技术进步可以提高企业的竞争力，创造和引导新的国内消费需求，并带动企业产品出口，化解产能过剩矛盾。

综合以上分析，本书提出以下三个方面假设：

假说1：企业通过对外直接投资，可以提高产能利用率，缓解产能过剩。

假说2：企业通过对外直接投资，可以扩大出口，并通过出口提高产能利用率。

假说3：企业通过对外直接投资，可以促进技术进步，并通过技术进步提高产能利用率。

3.3 国际产能合作化解制造业产能过剩矛盾的实证检验

3.3.1 模型设计和数据说明

1. 基准模型构建

基于倍差法和准自然实验的思路（蒋冠宏和蒋殿春，2014；宋林和谢伟，2016），我们将对外投资企业划分到实验组，非对外投资企业划分到对照组，比对实验组和对照组在对外投资前后两时期产能利用率的变化。借鉴蒋冠宏和蒋殿春（2014）、温湖炜（2017）的做法，具体实验模型设计如下：

$$Cu_{it} = \alpha + \delta du \times dt + \beta X_{it} + v_i + v_t + v_j + \varepsilon_{it} \qquad (3-1)$$

其中，du 表示企业是否为对外投资企业，取二值，实验组取值为1，对照组取值为0。dt 为时间二元虚拟变量，实验组企业发生对外直接投资后取值为1，其他情形取值为0。交互项 $du \times dt$ 的系数 δ，称为倍差法估计量，表示企业在对外直接投资之后产能利用率的提高程度，$\delta > 0$ 表示企业对外直接投资能化解产能过剩。Cu_{it} 表示企业产能利用率，这里继续延用第2章的随机前沿生产函数法来测算，具体模型设置同第 2 章，此处不再详述。X_{it} 为一组控制变量，包括企业规模（scale）、资本密集度（kl）、企业经营时间（age）、融资约束（debit）、是否国有企业（soe）、是否外商投资企业（foreign）、行业集中度（hhi）等。v_i、v_t 和 v_j 分别代表企业固定效应、年份固定效应和行业固定效应。

选择合适的参数估计方法，得到 δ 的一致性估计量是本部分研究的核心问题。在满足"平行趋势"的假设条件下，倍差法模型通过双重差分得到"处理效应"，可以解决因遗漏变量产生的内生性问题（温湖炜，2017）。但是生产效率高的企业往往具有更强的对外投资倾向，即企业进行对外投资具有"自选择效应"（埃尔普曼等，2004）。"自选择效应"说明回归分析中存在样本选择偏差，而倍差法要求的实验组和对照组拥有"共同趋势"这一前提将无法得到满足。因此，为克服样本选择性偏差问题，本书选择倾向得分匹配法为实验组企业寻找可观测特征最相近的对照组企业。

2. 倾向得分匹配方法

模型（3-1）能不能准确估计在很大程度上取决于匹配的精确性，即能否在对照组中找到合适的匹配样本。传统匹配方法对匹配维度要求很高，因而往往导致匹配成功率很低。罗森鲍姆等（Rosenbaum et al.，1983）提出了倾向得分匹配法（Propensity Score Matching，PSM），基本原理是将状态变量对影响其状态的诸多匹配变量（Z_{it}）进行回归，计算出倾向得分值，根据得分值对样本进行匹配。建立 Logit 概率估计模型如下：

$$\ln\left[\,\mathrm{Pr}(\mathrm{OFDI}_t)/(1-\mathrm{Pr}(\mathrm{OFDI}_t))\,\right]=C+Z_{i,t-1}\cdot\beta+\varepsilon_{it}\qquad(3-2)$$

其中 $\mathrm{Pr}(\mathrm{OFDI}_t)$ 表示企业在 t 时期成为新的对外直接投资企业的概率值，即对外直接投资倾向得分值；$Z_{i,t-1}$ 为匹配变量的一期滞后项。参考蒋冠宏和蒋殿春（2014）、祝树金和张鹏辉（2015）等人的做法，我们选择包括企业规模（scale）、全要素生产率（tfp）、资本密集度（kl）、是否出口企业（expdum）、是否国有企业（soe）、是否外商投资企业（foreign）作为匹配变量，为追求匹配的准确性我们还控制了企业所在行业（industry）和地区（area）特征。

3. 数据来源和变量设定

本部分所采用数据均来自中国工业企业数据库和商务部境外投资企业（机构）名录。我们根据企业名称，将两个数据库进行匹配与合并，合并后财务数据和企业其他注册信息均来自工业企业数据库。对外直接投资企业的投资信息来自商务部公布的企业投资名录，主要包含境内投资主体（母公司名称）、境外投资企业（海外分支机构）、投资目的国、境外企业经营范围①、境内投资主体所在省份及分支机构设立时间等。

本部分研究选取的样本为 2009～2013 年进行对外直接投资的企业。2008 年，金融危机导致国外资产价格缩水，中国企业加快了"走出去"的步伐，对外投资大幅增长。同时，金融危机爆发之后，由于外需疲软，很多行业产能过剩的弊端也逐渐突显。因此，研究这一阶段对剖析对外直接投资与产能过剩的关系更具有典型意义。

从未进行对外直接投资的对照组企业样本来自 2009～2013 年中国工业企业数据库，参照蒋冠宏等（2014）和余淼杰（2011）的做法进行了以下数据处理工作：一是删除重要指标（如企业总产值、固定资产净值、销售额等）缺失的样本；二是删除企业员工不足 10 人的样本；三是删除流动资产超过固定资产等不符合会计准则的指标异常样本。本部分计量模型中变量设定如下：

（1）被解释变量。基准模型中的被解释变量是企业产能利用率（Cu），采用随机前沿生产函数法利用企业增加值、固定资产净值和从业人数进行计算。具体模型和原理同第 2 章，此处不再一一赘述。

（2）控制变量。控制变量选取了企业规模（scale）、资本密集度（kl）、企业经营时间（age）、企业资产负债率（debit）、是否国有企业（soe）、是否外商投资企业（foreign）、行业集中度（hhi）等变量表示，详细定义见表 3 - 3。

---

① 主要是对相关经营范围和投资目的的具体描述，据此可对企业对外投资的动机进行判断。

表 3 - 3　　　　　　　　　模型中主要控制变量的名称和含义

变量名称	变量代码	数据形式	度量方法
企业规模	scale	对数	从业人数取对数
资本密集度	kl	对数	固定资产净值/从业人数
企业经营时间	age	对数	样本年份 - 成立年份
融资约束	debit	比重	资产负债率=总负债/资产总额
是否国有企业	soe	二值	按注册类型，国有企业取1，非国有企业取0
是否外商投资企业	foreign	二值	外商投资企业取1，非外商投资企业取0
行业集中度	hhi	比重	用赫芬达尔指数衡量四位数行业的行业集中度，公式：$hhi = \sum_{i=1}^{n} \left(\dfrac{x_i}{X} \right)^2$，$x_i$ 表示企业销售收入，一般只取 4 分位数行业内排名前 50 的大企业，X 表示 4 分位数行业总销售收入

此外，倾向得分匹配中，全要素生产率（tfp）的测度采用莱维松等（Levinsohn et al. ，2003）提出的一致半参数估计法（LP 方法），是否出口企业（expdum）取二值，其余匹配变量取值同基准模型。

3.3.2　实证检验和结果分析

1. 倾向得分匹配结果

倾向得分匹配法估计的可靠性在于是否满足"独立性条件"，即配对的对照组和实验组企业在时期 t = 0 时，匹配变量是否存在显著差异。如果两者存在显著差异，后期很难区分两组企业产能利用率之间的差异是否是由进行对外直接投资这一行为所引起的，因为两组企业本身的差异可能是造成产能利用率不同的原因。所以我们首先对两组企业进行平衡性检验，检验结果如表 3 - 4 所示。

表3-4　　　　　　　倾向得分匹配方法的匹配平衡性检验

变量	匹配阶段	平均值		标准偏差（%）	标准偏差减少幅度（%）	T检验	
		实验组	对照组			T值	P值
Scale	匹配前	6.0454	4.9903	89.7	99.4	85.1	0.000
	匹配后	6.0454	6.0395	0.5		0.29	0.772
tfp	匹配前	8.9640	8.0114	84.3	99.0	78.72	0.000
	匹配后	8.9640	8.9549	0.8		0.47	0.635
kl	匹配前	4.7096	4.0809	47.3	99.6	41.36	0.000
	匹配后	4.7096	4.7123	-0.2		-0.12	0.903
expdum	匹配前	0.7216	0.2704	101.1	98.3	88.74	0.000
	匹配后	0.7216	0.7293	-1.7		-1.06	0.287
soe	匹配前	0.0210	0.0277	-4.4	83.1	-3.57	0.000
	匹配后	0.0210	0.0222	-0.7		-0.48	0.628
foreign	匹配前	0.3016	0.2160	19.6	91.3	18.16	0.000
	匹配后	0.3016	0.3091	-1.7		-1.00	0.317
industry	匹配前	30.249	27.995	24.1	9.2	20.46	0.000
	匹配后	30.249	30.231	0.2		0.12	0.903
area	匹配前	1.1720	1.3207	-26.7	97.7	-20.88	0.000
	匹配后	1.1720	1.1753	-0.6		-0.43	0.664

埃尔普曼等（Helpman et al.，2004）的研究表明企业开展对外直接投资存在"自选择效应"，即只有效率较高的企业才会选择进行对外直接投资。迈耶等（Mayer et al.，2007）、富浦（Tomiura，2007）、耶普尔（Yeaple，2009）、隆平等（Ryuhei et al.，2012）分别用欧洲、日本和美国的企业数据验证了企业对外直接投资"自选择效应"，发现对外投资企业一般规模更大、生产率更高、人均资本更多、出口量也更大。从表3-4中，我们也可以看出类似现象，实验组和对照组在基期匹配之前，各项匹配变量和虚拟变量值存在较大差异，匹配之前实验组企业在企业规模、生产率、资本密集度和企业规模方面都远高于从未进行对外直接投资的实验组。经过匹配后，实验组和对照组企业在企业规模、全要素生产率、资本密集度、是否出口企业、是否国有企业、是否

外商投资企业，以及行业和地区均不存在显著差异。同时，考察匹配前后两组企业的标准偏差，其绝对值越小，说明匹配效果越好。在匹配后，标准偏差绝对值最大仅为1.7%，且相对匹配前，标准偏差减少幅度均在83.1%以上，说明本研究所选取的匹配变量和匹配方法是有效的。

综上所述，我们用倾向得分匹配方法解决了两个问题：一是为实验组企业配对了最为相近的对照组企业；二是排除了企业对外直接投资的"自选择效应"对估计结果的影响，克服了样本选择性偏差。

2. 基准检验和滞后效应

根据倾向得分匹配样本，本书运用倍差法进行了检验，具体结果如表3-5中列（1）~列（3）。列（1）是不加任何控制变量，只控制了企业固定效应的基准检验，列（2）加入了企业特征控制变量，列（3）在列（2）的基础上加入了年份和行业固定效应。du×dt是核心解释变量，衡量实验组通过对外直接投资使产能利用率提高的程度，该系数在1%的显著性下均显著大于0，说明对外直接投资可以促进企业产能利用率的提高。在列（1）进行的基准检验中，企业开展对外直接投资后产能利用率提高了2.54%，列（2）在控制了其他企业特征的情况下，产能利用率提高了1.01%，列（3）进一步固定年份和行业后，产能利用率提高了1.05%。基于倍差法的检验结果表明，中国企业通过开展对外直接投资，可以提高产能利用率，缓解产能过剩。

表3-5　基准检验和滞后效应

项目	当期			滞后一期	滞后二期	滞后三期
	（1）	（2）	（3）	（4）	（5）	（6）
du×dt	0.0254 *** (0.0027)	0.0101 *** (0.0028)	0.0105 *** (0.0027)	0.0171 *** (0.0055)	0.0119 *** (0.0038)	0.0046 *** (0.0010)
scale		−0.0016 (0.0019)	0.0009 (0.0018)	−0.0069 (0.0042)	0.0030 (0.0054)	0.0194 (0.0146)
kl		−0.0023 ** (0.0010)	−0.0012 *** (0.0005)	−0.0122 *** (0.0035)	−0.0022 *** (0.0009)	−0.0012 *** (0.0004)

续表

项目	当期			滞后一期	滞后二期	滞后三期
	(1)	(2)	(3)	(4)	(5)	(6)
age		0.0242 *** (0.0030)	0.0256 *** (0.0029)	0.0002 ** (0.0001)	0.0120 * (0.0068)	0.0142 ** (0.0071)
debit		− 0.0187 *** (0.0068)	− 0.0162 ** (0.0064)	− 0.0048 ** (0.0024)	− 0.0521 ** (0.0216)	− 0.0569 ** (0.0274)
soe		− 0.0182 * (0.0102)	− 0.0163 * (0.0094)	− 0.0264 *** (0.0082)	− 0.0735 ** (0.0370)	− 0.0082 * (0.0048)
foreign		0.0077 (0.0074)	0.0072 (0.0069)	0.0185 (0.0155)	0.0340 ** (0.0140)	0.0046 (0.0159)
hhi		0.3160 *** (0.1050)	0.3372 *** (0.1121)	0.4387 *** (0.1453)	0.0511 *** (0.0141)	0.1996 *** (0.0615)
_cons	0.7425 *** (0.0007)	0.6988 *** (0.0167)	0.6881 *** (0.0189)	0.8340 *** (0.0418)	0.7136 *** (0.0539)	0.6387 *** (0.1039)
企业固定效应	是	是	是	是	是	是
年份固定效应	否	否	是	是	是	是
行业固定效应	否	否	是	是	是	是
N	35901	35900	35900	6000	3518	3477
adj. R^2	0.0133	0.0502	0.1989	0.0585	0.0182	0.0189

注：*** 、** 、* 分别代表1%、5%、10%的显著性水平，括号内为标准误，本章下同。

关于其他控制变量的影响。从表3－5的列（1）~列（3）可以看出，企业规模变量（scale）的系数和符号都不稳健，说明企业产能利用率的高低并不直接与企业规模相关，也就是说大规模企业的产能利用率并不显著高于或低于中小型企业。原因可能在于，大企业的产能利用率受诸多因素影响，具有不确定性：一方面规模越大的企业，越倾向于从事出口活动（赵伟等，2011；刘军，2016），通过出口直接或间接提高产能利用水平；另一方面，大规模企业在金融市场上融资成本较低，更容易获得政府提供的补贴，因此投资增长幅度往往大于小规模企业，易出现过度投资现象，引发产能过剩（王文甫等，2014）。企业资本密集度（kl）和资产负债率（debit）的系数均显著为负，说明企业产能利用率与二者均呈负相关关系。资本密集度高的企业一般财力比较雄厚，或比较容易在金融市场上获得融资（王文甫等，2014），而资产负债率高也说明企业获得的融资多，充裕的资金导致此类企业倾向于过度投资，因而产能利用率较低（曹献飞和裴平，2019）。企业经营时间（age）的系数显著为正，表明企业成立时间和产能利用率是显著正相关的，其原因可能在于企业成立越久，经营管理经验越丰富，对市场和投资的预判就越准确，因而经营时间越长产能利用水平越高。是否国有企业（soe）与企业产能利用率呈现一定的负相关关系，一些学者也注意到了国有企业往往产能过剩更严重（董敏杰等，2015），因为国有企业在土地价格、减免税收、资金成本等方面得到政府更多的政策倾斜，生产要素的低成本会扭曲国有企业投资行为，导致过度投资和重复建设（孙晓华和李明珊，2016），因此国有企业总是倾向于积累过剩产能。行业集中度（hhi）的系数显著为正，表明企业所在行业的行业集中度越高，企业产能利用率越高。高行业集中度可以集中更多的研发投入，加速技术创新和进步（熊彼特，1912），技术进步能提高产能利用率，因而可以通过提高行业集中度治理产能过剩（崔永梅和王孟卓，2016）。是否外商投资企业（foreign）的系数为正，但是不显著，表明外商投资企业的产能利用率并不显著高于非外商投资企业。

　　企业对外直接投资对产能利用率的影响可能存在滞后效应。主要原因在于，企业获得商务部核准之后，从开始投资到正常生产经营需要一定的周期；另外，企业在国际市场上接触到先进技术和管理经验后，也需要时间来消化和吸收，才能转化为企业生产率的提高。基于此，我们针对企业对外直接投资和产能利用率之间的关系进行了滞后检验，检验结果如表 3 - 5 中列（4）~列（6）所示。通过检验发现 du × dt 各期系数在 1% 的显著性水平下均显著为正。当期系数为 0.0101，滞后一期和滞后二期系数增大为 0.0171 和 0.0119，滞后三期系数减少为 0.0046，表明企业对外直接投资对产能利用率的影响存在一定的滞后性，且影响大小随时间推移呈倒 "U" 型。

3. 稳健性检验

　　上述经验分析结果表明企业通过对外直接投资可以提高产能利用

率，使产能过剩矛盾得到缓解。这一结果是否受样本量的影响？是否随匹配方法的不同而不同呢？下面我们将从这两方面进行稳健性检验。

（1）剔除投资于香港等避税港样本的再估计。通过对中国企业投资目的地进行整理，我们发现2009～2013年近1/3的企业选择中国香港、英国维尔京群岛、开曼群岛等地进行投资。世界银行（2002）较早估计发现中国对外投资中有25%是"返程投资"，不同于前文所述的投资动机，这些对外直接投资中有相当大的比例是为了避税（莫克等，2008，毛其淋和许家云，2014）。为了排除投资于避税港地区样本的特殊性，我们将流向中国香港、英属维尔京群岛、中国澳门、开曼群岛①等避税港的对外投资企业从总样本中进行剔除，对剩下的样本进行倍差法检验，具体结果如表3-6中列（7）~列（9）所示。第（7）列是不加任何控制变量，只有企业固定效应的基准检验，列（8）加入了企业特征控制变量，列（9）在列（8）的基础上进一步加入了年份和行业固定效应。通过检验发现，$du \times dt$系数均在1%的显著性水平下显著大于0，说明对外直接投资可以促进企业产能利用率的提高。在列（7）进行的基准检验中，企业开展对外直接投资后产能利用率提高了2.62%，列（8）在控制了其他企业特征的情况下，产能利用率提高了0.99%，列（9）进一步固定年份和行业后，产能利用率提高了1.13%。检验结果表明，剔除了投资避税港的企业样本及控制其他因素之后，对外直接投资显著地提高了企业产能利用率，在一定程度上化解了企业产能过剩情况。

表3-6　　　　　　　　　　　稳健性检验结果

项目	剔除投资避税港样本			采用马氏距离匹配样本		
	(7) cu	(8) cu	(9) cu	(10) cu	(11) cu	(12) cu
$du \times dt$	0.0262 *** (0.0035)	0.0099 *** (0.0035)	0.0113 *** (0.0033)	0.0250 *** (0.0027)	0.0093 *** (0.0029)	0.0103 *** (0.0028)

① 参考毛其淋和许家云（2014）的做法以及欧盟（2017）公布的全球避税港黑名单，我们剔除掉了对中国香港、英属维尔京群岛、中国澳门、开曼群岛、马绍尔群岛（共和国）、巴林、巴拿马等国家和地区进行投资的企业样本。

项目	剔除投资避税港样本			采用马氏距离匹配样本		
	(7) cu	(8) cu	(9) cu	(10) cu	(11) cu	(12) cu
scale		− 0.0008 (0.0025)	0.0004 (0.0023)		− 0.0004 (0.0026)	0.0010 (0.0025)
kl		− 0.0036 *** (0.0011)	− 0.0031 *** (0.0011)		− 0.0032 ** (0.0015)	− 0.0029 *** (0.0001)
age		0.0216 *** (0.0038)	0.0222 *** (0.0036)		0.0219 *** (0.0040)	0.0249 *** (0.0039)
debit		− 0.0173 ** (0.0087)	− 0.0140 * (0.0081)		− 0.0088 * (0.0051)	− 0.0086 * (0.0049)
soe		− 0.0190 * (0.0103)	− 0.0194 * (0.0110)		− 0.0260 * (0.0146)	− 0.0273 * (0.0156)
foreign		0.0104 (0.0097)	0.0101 (0.0089)		0.0078 (0.0100)	0.0085 (0.0095)
hhi		0.3521 *** (0.1174)	0.4009 *** (0.1357)		0.3368 *** (0.1067)	0.3544 *** (0.1178)
_cons	0.7422 *** (0.0014)	0.7030 *** (0.0216)	0.5102 *** (0.0577)	0.7510 *** (0.0015)	0.7026 *** (0.0229)	0.5204 *** (0.0269)
企业固定效应	是	是	是	是	是	是
年份固定效应	否	否	是	否	否	是
行业固定效应	否	否	是	否	否	是
N	24993	24993	24993	14944	14944	14944
adj. R^2	0.0148	0.0514	0.2009	0.0196	0.0506	0.1771

（2）基于马氏距离匹配样本的再估计。前述估计都是基于倾向得分匹配后的样本进行的，为了考察结果的稳健性，我们进一步采用马氏距离匹配方法来为实验组企业配对合适的对照组企业。假设 $i \in \{du = 1\}$ 为实验组企业，$j \in \{du = 0\}$ 为对照组企业，首先随机地排列研究样本，再计算各个实验组和所有对照组企业之间的距离。实验组企业 i 与对照组

企业 j 的马氏距离定义为：

$$d(i, j) = (U_i - V_j)^T \cdot C^{-1} \cdot (U_i - V_j) \qquad (3-3)$$

其中，U_i 和 V_j 分别表示实验组和对照组企业的匹配变量取值，C 为整个对照组企业集合的匹配变量的样本协方差矩阵。在马氏距离匹配中，只有与实验组距离 d(i, j) 最小的对照组企业才能被筛选出来作为新的对照组，然后将成功匹配的观测值从数据集中剔除，并重复进行这一筛选过程，直到为所有实验组企业成功匹配到相应的对照组企业。在这里，我们选用了跟前文一致的匹配变量，此处不再赘述。基于马氏距离匹配样本的倍差模型估计结果报告在表 3-6 中的列（10）~列（12）。与倾向得分匹配样本的估计结果相似，du×dt 的系数均在 1% 的水平下显著为正。这一估计结果再次表明，中国企业通过开展对外直接投资，可以提高产能利用率，即对外直接投资有助于企业产能过剩缓解的结论是稳健的。

4. 异质性检验

（1）过剩与非过剩。按照 79% 的产能利用标准，把产能利用率低于 79% 的企业划分到"过剩行业"，其余为"非过剩行业"，比较对外直接投资对产能利用率的正向影响在两类样本中的差异。在产能过剩行业内，企业化解产能过剩的诉求迫切，积极通过对外直接投资的直接和中介渠道迅速化解企业产能过剩；而非过剩行业提高产能利用率的动力相对缺乏，甚至在出口增加和技术创新的同时进一步进行生产扩张（余官胜和杨文，2014；温湖炜，2017）。为了证实上述结论，我们分别对两类企业进行了检验，汇总在表 3-7 列（13）和列（14）。通过检验发现，过剩行业 du×dt 的系数为 0.0230，在 1% 的水平下显著为正，而非过剩行业的系数则不显著。说明通过对外直接投资，过剩企业的产能利用率显著得到了提高，但是非过剩企业的产能利用率变化不明显。

表 3-7　　　　　　　行业异质性检验

项目	非过剩行业（13）	过剩行业（14）	劳动密集型（15）	资本密集型（16）	技术密集型（17）
du×dt	0.0001（0.0046）	0.0230***（0.0035）	0.0124（0.0585）	0.0066***（0.0021）	0.0123***（0.0036）

项目	非过剩行业（13）	过剩行业（14）	劳动密集型（15）	资本密集型（16）	技术密集型（17）
控制变量	是	是	是	是	是
固定效应	是	是	是	是	是
_cons	0.8219 *** (0.0286)	0.5892 *** (0.0207)	0.7475 *** (0.0330)	0.8627 *** (0.0349)	0.6833 *** (0.0229)
N	14999	20901	6424	8982	19532
adj. R^2	0.0081	0.1020	0.2714	0.0243	0.0562

（2）特定要素密集度。第二种分类方式是把制造业企业按照要素密集度进行划分，考察通过对外直接投资，不同要素密集度行业产能过剩化解的差异。在行业划分上，同第 2 章，我们参考了谢建国（2003）和盛斌（2017）的做法。通过检验，发现劳动密集型行业的 du × dt 系数不显著［如列（15）所示］，说明该类型企业开展对外直接投资后，产能过剩情况没有得到明显的缓解。主要原因可能在于：一方面，劳动密集型行业对外直接投资的目标多以劳动力成本更低的发展中国家为主，目的在于利用国外廉价劳动力进行生产（刘易斯，1978；小岛清，1978），企业很难获得技术进步和升级，不能获得"逆向"技术溢出。另一方面，所生产产品在当地市场或者第三国市场进行销售，对母国企业出口产生"贸易替代"；除了当地生产，劳动密集型企业也会通过开展商贸服务类投资，开拓东道国市场，在一定程度上拉动国内产品出口，所以该类企业对外直接投资对出口的总体影响是不明确的。综合以上两方面原因，劳动密集型行业通过对外投资很可能并不能显著获得产能利用率的提高。列（16）和列（17）报告了资本密集型和技术密集型行业 du × dt 系数均在 1% 的水平下显著为正，分别为 0.0066 和 0.0123，表明了这两类行业通过对外直接投资都能获得产能利用率的提高。资本密集型企业是各级政府招商引资的重点行业，受政府政策支持较多，且这些行业多具有一定的垄断竞争性质，沉没成本高，难以自由退出市场，导致企业产能过剩问题较为突出（曲玥，2015；董敏杰等，2015），因而化解产能过剩的动力较足，产能利用率的提升作用较明显（曹献飞和裴平，2019）。对于技术密集型行业，投资目标国多为发达

国家和地区，可以通过"技术逆向溢出"等途径为产业结构优化提供更多技术支持，产业升级和产能化解效果明显（安同信等，2019）。

（3）特定地区。参考国家统计局区域划分标准，根据投资企业所属省份，我们将企业样本划分为东部和中西部企业两大类，检验不同地区企业对外直接投资对产能利用率影响的差异性。表3-8中列（18）和列（19）汇报了这一情况，两类企业样本中du×dt的系数均在1%的显著水平下为正，说明两类地区的企业通过对外直接投资都能得到产能利用率的提高。相对中西部而言，东部企业样本du×dt的系数明显要小，表明东部企业通过对外直接投资提高产能利用率的效果要差。原因可能在于：一方面，中国的财政分权和地方政府的GDP考核制度使得地方政府对企业投资有强烈的干预动机，中西部地区为了弥补区位优势的不足，存在低价供地、协助企业融资等吸引资本流入的手段，这些对投资的补贴行为扭曲了生产要素市场，导致企业面临相对更严重的产能过剩问题（江飞涛等，2011；韩国高等，2011），因而这些企业化解过剩产能的动力更足；另一方面，中国东部地区市场化程度相对较高，在吸引投资方面具有更好的区位优势，地方政府对企业投资行为干预较少，企业整体上产能过剩问题较轻，因而东部企业对外直接投资对产能利用率的提升作用较小。

表3-8　　　　　　　　地区分布和投资东道国检验

项目	东部（18）	中西部（19）	高收入（20）	中低收入（21）
du×dt	0.0094***（0.0029）	0.0332***（0.0106）	0.0119***（0.0035）	0.0042***（0.0014）
控制变量	是	是	是	是
固定效应	是	是	是	是
_cons	0.6955***（0.0177）	0.6964***（0.0599）	0.6993***（0.0286）	0.7289***（0.0432）
N	31103	4794	5907	1798
adj. R²	0.0577	0.0482	0.0510	0.0536

（4）特定东道国。根据世界银行的分类标准（2018 版）①，把不同经济发展水平的东道国划分为高收入和中低收入国家两类，通过分样本回归检验投资于不同目的国对于企业提高产能利用率的差异性，如表 3 – 8 列（20）和列（21）。列（20）和列（21）显示了投资于高收入和中低收入国家的企业样本中，交叉项 du×dt 的系数均在 1% 显著水平下显著为正，同时投资于高收入国家的企业产能利用率水平得到了更大程度的提高。主要原因可能在于：第一，高收入国家一般具有先进的技术水平和较大的市场规模，企业投资于高收入国家的主要动机是技术寻求或市场寻求，既能通过学习国外先进生产技术和管理经验来提升生产效率，又能通过出口提升企业产销率（蒋冠宏和蒋殿春，2014；曹献飞和裴平，2019），因而企业去高收入国家投资能更好地提升产能利用率。第二，中低收入国家的特点是生产要素价格低、市场规模小或者市场经济不发达，企业投资于该类国家主要出于当地生产和市场寻求目的。通过当地生产，企业很难通过逆向技术溢出获得技术水平的进步（曹献飞和裴平，2019），而且该类投资对母国企业出口的影响是十分不明确的，甚至可能出现对国内出口的"挤出"，因而企业投资于中低收入国家对产能利用率的提升作用较低。

（5）特定投资动机。根据前面部分对国际产能合作化解产能过剩机理的分析，我们可以得到三个推测：第一，商贸服务型对外直接投资对出口的影响一般是正向的，应该会促进企业产能利用率的提高；第二，当地生产类投资多投向低收入国家，虽然对出口和技术进步的影响不明确，但会引起产能的直接转移，总的来说对产能利用率的提高作用应该是积极的；第三，技术研发型能促进企业技术进步，提高产品出口竞争力，从而促进母国企业产能利用率的提高。通过检验不同出口动机企业对外直接投资化解产能过剩的差异，我们发现列（22）du×dt 的系数在 1% 的显著水平下为正，与第一条推测相符。列（23）报告了当地生产类投资对产能利用率的提升起到了正向作用。列（24）报告了技术研发型投资的情况，du×dt 的系数也显著为正，说明技术研发型对外投资对产能利用率提高也起到了正向影响。以上三点与我们之前的推

① The World Bank. How are the income group thresholds determined？［DB/OL］. https：//data-helpdesk. worldbank. org/knowledgebase/articles/378833 – how – are – the – income – group – thresholds – determined.

测均相符。

（6）投资频率。企业通过对外直接投资对产能利用率的影响可能因投资频率的不同而存在差异，也就是说，在考察期内投资一次和投资多次的企业，对产能利用率的影响可能是不同的。基准检验中，我们在处理实验组时，只是将企业投资前后 du 标记为 0 或 1，并没有考虑投资频率的差异。而事实上，当企业对外直接投资次数较少时，会通过前文所述机理不断提高产能利用率，但随着投资频率的增加企业可能会面临更大的经营风险和不确定性，进而使得对外直接投资对产能利用率的提升作用变小（薛军和苏二豆，2019）。商务部境外投资企业（机构）名录并没有直接披露企业对外直接投资的频率，这里我们用考察期内的核准次数来衡量，表 3－9 中的列（25）~ 列（27）分别显示了投资 1 次、投资 2 次、投资 3 次及以上三种不同情况的检验结果。列（25）~ 列（27）三列中 du × dt 的系数均显著为正，并呈现先升后降的倒"U"型，说明企业通过对外直接投资对产能利用率的影响先随着投资频率的增加而增强，但是在投资 3 次或者更多次数之后反而会随着投资频率的增加而减弱，与我们上述分析一致。

表 3－9　　　　　　　　特定投资动机和投资频率检验

项目	（22）商贸服务	（23）当地生产	（24）技术研发	（25）投资频率 I	（26）投资频率 II	（27）投资频率 III
du × dt	0.0086 *** (0.0027)	0.0082 * (0.0046)	0.0253 *** (0.0029)	0.0089 *** (0.0034)	0.0123 ** (0.0061)	0.0096 *** (0.0015)
控制变量	是	是	是	是	是	是
固定效应	是	是	是	是	是	是
_cons	0.6826 *** (0.0290)	0.7715 *** (0.0439)	0.6963 *** (0.0798)	0.6934 *** (0.0269)	0.8014 *** (0.0557)	0.6409 *** (0.1086)
N	4874	1777	897	5892	1138	675
adj. R^2	0.0598	0.0342	0.0955	0.0534	0.0447	0.0483

5. 机制检验

（1）中介效应模型。根据前文所进行的理论分析，借鉴巴伦（Baron et al.，1986）、方杰等（2014）的方法，构建以出口和技术进步为中介变量的中介效应模型，来检验企业对外直接投资拉动产能利用率提高的影响渠道。设定如下中介效应模型：

$$Cu_{it} = \alpha + \delta du \times dt + \beta X_{it} + v_i + v_t + v_j + \varepsilon_{it} \qquad (3-4)$$

$$Med_{it} = \alpha_1 + \delta_1 du \times dt + \beta_1 X_{it} + v_i + v_t + v_j + \varepsilon_{it} \qquad (3-5)$$

$$Cu_{it} = \alpha' + \delta' du \times dt + \gamma Med_{it} + \beta' X_{it} + v_i + v_t + v_j + \varepsilon_{it} \qquad (3-6)$$

其中，Med_{it} 代表中介变量，即本文为验证假说 2 和假说 3 所设定的出口（exp）或技术进步（ftp）。ε_{it} 代表所对应回归方程的随机误差项。v_i、v_t 和 v_j 分别代表企业固定效应、年份固定效应和行业固定效应。借鉴温忠麟等（2004），这里分三步对中介效应进行检验：第一步，对方程（3-4）进行回归，判断在不考虑中介变量的前提下，对外直接投资对产能利用率的总效应，若 δ 显著，则说明对外直接投资对产能利用率的总效应存在。第二步，对方程（3-5）进行回归，判断对外直接投资对中介变量的影响（δ_1）。如果 δ_1 显著，则说明对外直接投资可以促进出口或技术进步。第三步，把中介变量引入方程（3-4）得到新方程（3-6），对方程（3-6）进行回归，检验对外直接投资对产能利用率的直接效应（δ'）和通过中介变量传导的中介效应（γ）。如果 δ_1 和 γ 都显著，则说明中介效应存在；在此基础上，如果 δ' 不显著，则说明存在完全中介效应；如果 δ' 显著，则说明存在部分中介效应，且中介效应占总效应的比重为 $\dfrac{\delta_1 \gamma}{\delta_1 \gamma + \delta'}$。

中介效应模型中的被解释变量包括企业产能利用率、出口和技术进步中介变量。产能利用率（Cu）的测度方法同基准模型。出口用企业出口额（exp）表示，不出口的企业出口额为 0。参照经济学界的普遍做法，用全要素生产率（ftp）来代表企业技术进步（索洛，1962；李小平和朱钟棣，2005；涂正革和肖耿，2005；王明益，2014），全要素生产率的测度方法具体参考了莱文森（Levinsohn et al.，2003）提出的一致半参数估计法（LP 方法）。其余所有控制变量设置同基准模型。

（2）机制检验结果。根据前文构建的模型（3-4）~模型（3-6），参考巴伦等（Baron et al.，1986）、温忠麟等（2004）的做法，我们进行了逐步检验，检验结果汇报在表 3-10 中。列（28）是对基础模型的估计，回归结果与表 3 – 5 列（3）相同。列（29）和列（31）分别报告了以出口（exp）和技术进步（tfp）为被解释变量的回归结果，交叉项 du×dt 的系数（δ_1）均在 1% 的水平上显著为正，意味着企业通过对外直接投资显著促进了出口和技术进步，与前述理论机理分析相一致。将中介变量分别引入回归方程（3 – 6），检验结果如列（30）和列（32）所示，待估参数 γ 均显著为正，验证了出口和技术进步中介效应的存在。同时，列（30）和列（32）中 du×dt 的系数（δ'）也显著为正，说明对外直接投资对产能利用率的直接效应是存在的，中介效应只能部分解释总体效应。更进一步地，可以计算出上述内在机制中介效应占总体效应的比例，对于出口而言，中介效应占总体效应的比例为21.1%；对于技术进步来说，中介效应占比为 18.0%。

表 3 – 10　　　　　　　　　机制检验结果

项目	总效应	出口		技术进步	
	(28) Cu	(29) exp	(30) Cu	(31) tfp	(32) Cu
du×dt	0.0105 *** (0.0027)	0.4987 *** (0.0956)	0.0084 *** (0.0028)	0.1052 *** (0.0161)	0.0087 *** (0.0028)
tfp					0.0173 *** (0.0027)
exp			0.0043 *** (0.0004)		
控制变量	是	是	是	是	是
固定效应	是	是	是	是	是
_cons	0.6881 *** (0.0189)	0.4428 *** (0.0857)	0.7008 *** (0.0163)	6.9274 *** (0.1334)	0.8205 *** (0.0250)
N	35900	35900	35900	35900	35900
adj. R^2	0.1989	0.0555	0.0499	0.1693	0.0585

3.4　本　章　小　结

本章主要构建了国际产能合作化解制造业产能过剩的理论框架，并对化解效果进行了检验，回答了国际产能合作能不能化解产能过剩的问题，为"走到哪里去"提供了理论基础和经验证据。本章的研究主要包括以下几个方面：

第一，详细梳理了中国制造业开展国际产能合作的现状。随着中国"一带一路"倡议和"走出去"战略的持续推进，中国对外产能合作规模不断扩大，制造业已经成为中国企业主要的投资领域，"一带一路"沿线国家成为主要的投资目的地。

第二，系统搭建了国际产能合作化解制造业产能过剩的理论框架。提出国际产能合作化解产能过剩的渠道包含直接渠道、出口中介渠道和技术进步中介渠道。

第三，对国际产能合作化解制造业产能过剩的效果和机制进行了检验。利用倾向得分匹配法为 2009～2013 年中国制造业对外投资企业找到可供比较的对照组，运用倍差法对基准模型进行了检验，发现中国企业通过开展对外直接投资，可以提高产能利用率，但存在一定的滞后性。同时，稳健性检验的结果再次表明中国企业通过开展对外直接投资，可以提高产能利用率，即对外直接投资有助于企业产能过剩化解这一结论是稳健的。

通过异质性检验发现：对于过剩和非过剩行业，通过对外直接投资，过剩行业的产能利用率得到了显著提高，而非过剩行业则不显著；对于要素密集度不同的行业，资本密集型和技术密集型企业都能获得产能利用率的提高，而劳动密集型企业产能过剩情况没有得到明显的缓解；对于东部和中西部企业，两类地区的企业通过对外直接投资都能得到产能利用率的提高，东部企业通过对外直接投资提高产能利用率的效果不如中西部企业；对于投资于不同东道国的企业，产能利用率均有显著提升，投资于高收入国家的企业产能利用率水平得到了更大程度的提高；对于不同投资动机来说，商贸服务、当地生产和技术研发型对外直接投资均对产能利用率的提高产生了显著的正向影响；从投资频率来看，企业通过对外直接投资对产能利用率的影响先随着投资频率的增加而增大，但是在投资 3 次或者更多次数之后反而会随着投资频率的增加而下降。

通过机制检验发现，对外直接投资对产能利用率的直接效应是存在的，出口和技术进步在企业对外直接投资促进产能利用率提高的过程中都起到了部分中介作用。

第4章 中国产能过剩行业国际产能合作目标评价指标体系构建

——基于共生理论的视角

在验证了国际产能合作化解产能过剩的效果之后，还需要解决"走到哪里去"这一实际问题，以便为政府和企业提供方向性指导和参考。不过在回答"走到哪里去"之前，需要制定一套科学的衡量标准，即对产能过剩行业国际产能合作目标评价构建一套完整的指标体系。本章尝试性地引入生物学中的共生理论，对国际产能合作共生关系进行系统界定；以共生的思想为指导，从共生单元耦合性、共生模式稳定性、共生环境友好性三个维度对产能过剩制造业合作目标评价指标体系进行构建，以保障国际产能合作的平稳开展和过剩产能的高效化解。

4.1 国际产能合作共生关系研究

4.1.1 共生理论的内涵

"共生"最早出现在生物学领域，由德国真菌学家德贝里（Anton de Bary，1879）首先提出，阿默迪昂（Ahmadjian，1986）将其定义为不同种属的物质联系生活在一起，形成共同生存、协同进化或者抑制的关系。共生单元、共生模式和共生环境构成了共生关系的三要素，其中共生单元是基础性要素，是共生体或共生关系中的能量生产和交换单位。共生模式是共生单元相互作用或结合的方式，既反映共生单元间作用的方式和强度，也反映物质、信息交流和能量互换关系。从组织程度上，共生模式分为点共生、间歇共生、连续共生和一体化共生。在行为方式上，共生模式存在寄生、偏利共生、非对称互惠共生和对称互惠共生等不同形式。共生环境由共生单元以外的其他所有因素的总和构成，是共生关系中重要的外部条件。共生三要素相互影响、相互作用，共同反映着共生系统的动态变化方向和规律（袁纯清，1998）。

共生不仅存在于生物界，而且广泛存在于人类社会体系当中。从20世纪中叶开始，西方学者把共生理论逐步应用于经济学等社会科学领域，尝试从生物现象中探索经济发展规律，用共生的思想和理论指导经济工作，运用共生方法解决经济问题，取得了良好的效果。经济学上的共生是指经济主体之间存续性的物资联系（袁纯清，1998）。随着共生理论在经济研究领域中的应用不断拓宽，学者们逐渐发现区域经济系统是一个开放系统，存在各种物质和信息联系，区域经济体之间相互依赖、相互影响（马丁等，1998），存在着共生关系。共生理论对区域经济合作问题具有良好的适用性（刘荣增，2006；冷志明和张和平，2007），可以很好地指导区域经济的协调与发展（黄小勇，2014）。该理论被用于中国区域间的协调与发展（刘荣增，2006）、区域旅游共生发展（马勇和何莲，2010；王晓丽和杨佩群，2012；唐仲霞等，2012）、城市群区域合作（朱俊成，2010；肖东生和石青，2011）等问题的研究。也有少数学者把共生理论引入国际经济合作研究领域，用来研究中俄产业合作（孙长雄，2000）、东北亚经济合作（孙长雄，2008）、"孟中印缅旅游圈"区域旅游合作（刘云，2013）等，解析共生要素，探索共生规律，用共生的思想指导国际经济合作。近年来，随着"一带一路"倡议的持续推进，共生理论也被用于国际产能合作的相关研究。张洪和梁松（2015）首次尝试性地将共生理论引入国际产能合作研究领域，以中哈产能合作为例，通过分析发现中哈产能合作在组织模式上具有连续性，在行为模式上呈现由非对称性向对称互惠共生发展的趋势，并结合中哈产能合作共生关系的现状，提出了优化国际产能合作共生模式的目标和路径。类似的研究还有孙雪萌（2017）、王瑞云（2017）、尤宏兵和杨蕾（2018）、李一丁（2019）。

以上研究表明了共生理论对国际产能合作研究领域的适用性和兼容性，为本书提供了研究空间和理论发展的可行性。

4.1.2　国际产能合作共生关系的界定

国际产能合作共生关系指的是中国制造业行业通过对外投资到目标国，与目标国国内的制造业及相关产业在一定的共生环境中以特定的共生模式形成的相互依存关系。下面我们将对国际产能合作共生关系的共生三要素进行界定。

1. 共生单元

共生单元是指构成共生关系的基本能量生产和交换单位，是形成共生的基本物质条件，是共生理论分析的基础。根据国际产能合作共生关系的研究范畴，对于对外直接投资的制造业来说，其在产业承接国的共生单元为该国的相同（或类似）产业及上下游和辅助产业。其中产业承接国的相同（或类似）产业为输出产业的同类共生单元，而上下游和辅助产业为其异类单元。我们在第 2 章已经对制造业产能过剩行业进行了筛选和识别，这些拟输出行业作为已知的共生单元存在，为了帮其找到兼容的共生单元、共生环境和适合的共生模式，我们将对投资目标国进行匹配，目标国不同也就意味着要素条件、产业基础、合作模式和合作环境等均不相同。

2. 共生模式

国际产能合作共生模式是共生单元之间或共生关系内部相互作用的方式或相互结合的方式，反映合作国生产要素、产品的互换和利益的分配关系，是共生组织模式和共生行为模式的具体结合。国际产能合作共生模式可以分为组织程度上的点共生、间歇共生、连续共生和一体化共生，也可以分为行为上的寄生、偏利共生和互惠共生。国际产能合作共生模式不是一成不变的，它随共生单元的性质和共生环境而变化。共生模式分析侧重系统揭示共生单元之间、共生单元与共生界面之间、共生关系与环境之间的动态关系，不论是什么共生行为模式都应遵守或服从这种动态关系的要求（袁纯清，1998）。

3. 共生环境

国际产能合作共生环境由共生单元以外的其他所有因素的总和构

83

成，是共生关系中重要的外部条件。由于转移输出的产业需要在投资目标国扎根，其生产和经营主要受东道国政治、经济、法律和制度等的影响，因而国际产能合作中最重要的外部环境就是东道国国内环境。国际产能合作环境可分为正向、中性和反向环境。正向环境对国际产能合作起到激励作用和积极影响，反向环境起到抑制作用和消极影响。

共生单元、共生模式、共生环境作为国际产能合作共生关系的三要素非常重要，共生单元是基础，共生模式是关键，共生环境是外部条件，而国际产能合作共生关系是三者共同作用的结果。密切的共生度离不开耦合度高的共生单元、稳定的共生关系模式和正向的投资环境。国际产能合作共生度越高，产生的共生能量就会越大，也即合作双方会获得更多的收益，对于产能过剩行业来说，过剩产能化解效果也会更好。

4.2 产能过剩行业国际产能合作目标评价指标体系构建

4.2.1 评价指标的比较

国外学者对于对外直接投资环境评价指标的研究，按照研究时间、对象以及侧重点的不同，可以分为三个阶段。第一阶段：20 世纪六七十年代。这一阶段突出的特点是研究主体以发达国家为主。卡夫（Caves，1971）站在投资者的角度，认为企业对外投资时应当把交易成本作为主要考虑因素，因而选用运输成本、文化差异和社会认同等作为主要评价指标。类似研究还有罗伯特（Robert，1969）、利特瓦克等（Litvak et al.，1968）等。第二阶段：20 世纪八九十年代。研究主体既有发达国家也有发展中国家。这一阶段，进行国家信用评级的专业评估机构迅速发展，标准普尔（Standard & Poor）、穆迪（Moody's）和惠誉（Fitch）被美国证券交易委员会认可为"全国认定的评级组织"。这三家机构在指标体系上基本都是设置经济、政治和社会三大模块。经济模块主要包含目标国的经济基础、短期偿债能力等指标，政治模块主要考察政治稳定性、参与度、治理有效性等方面，而社会指标则侧重于社会应对危机能力的评估。1993 年，美国 Fortune 杂志从政治透明度、社会环境、市场化程度、对外开放度等多个方面对亚洲国家的投资环境进行了评价。1994 年，日内瓦的欧洲管理论坛（Europe Management Fortum）从政治、经济、文化、社会等多个维度对欧洲 27 个投资目标国的投资环境进行了综合评价。第三阶段：从 20 世纪 90 年代至今。这一阶段研究除了有投资国别环境评价以外，越来越多的学者开始关注投资环境与投资之间的关系，对投资的影响因素展开了广泛的研究。代表性的有黑德等（Head et al.，1996），他们以中国吸引外资较多的城市为研究对象，指出基础设施、工业建设、对外开放程度等是这些城市吸引大量外资的重要原因。科尔斯塔德等（Kolstad et al.，2009）利用中国对外直接投资数据研究了东道国制度因素和自然资源因素的结合作用，认为两种因素共同对中国企业投资区位的选择产生影响，制度环境差的国家，可以依靠自然资源禀赋吸引更多的中国企业投资，二者存在替代关系。此外，还有很多学者验证了政府政策、双边投资协议（BITs）（马达里亚加等，2007）等因素对对外直接投资流向的影响。

　　国内相关研究始于 20 世纪 90 年代，近年来随着中国对外投资步伐的加快而增多。自 2016 年开始，中国社科院世经政所国家风险评级课题组每年发布《中国海外投资国家风险评级报告》，2019 年其评级样本涉及 57 个国家，评价体系主要参考了标准普尔（Standard & Poor）、穆迪（Moody's）和惠誉（Fitch）的国家评级做法，包含经济、政治和社会因素维度，同时增加了双边关系维度。邓峤（2012）从宏观、中观和微观风险三个角度对中国钢铁企业投资澳大利亚的风险进行了评估，主要涉及政治风险、经济风险、文化风险、基础设施、环保风险、人力资源风险等指标。魏爽、郭燕（2017）利用因子分析法，选取政治法律、经济环境、人力资源、产业发展、基础设施五个方面建立中国纺织服装企业对外投资评价体系，并对巴基斯坦的投资环境进行了评价。李优树等（2019）从资源禀赋、油气市场环境、国际合作、政治环境、经济环境和基础设施水平六个维度评价了 16 个"一带一路"沿线国家的投资环境。类似的研究还有杨海恩（2013）、巩雪（2016）、岳侠和钱晓萍（2015）等。

　　综上所述，有关东道国投资环境评价的研究中，指标体系设置大多以宏观环境指标为主，涉及经济、政治、社会、基础设施、双边关系等方面。也有部分文献为特定产业"走出去"匹配目标国，增加了资源禀赋、人力资源等指标，但是评价范围一般比较小，往往只涉及一个产业，对一个或少数几个国家进行评价，且相关指标体系并不完全适用于本书中过剩行业产能化解的要求。已有研究为本书指标体系的构建提供了良好的基础和有益参考，也提供了进一步拓展的空间。

本书聚焦于中国产能过剩行业"走出去"的视角，拟选用共生理论指导国际产能合作目标评价指标体系的构建。国际产能合作本质上是一种典型的共生关系，只有遵循"共生"原理，本着质参量兼容和互惠对称等原则，才能实现合作双方由共同生存到共同发展，才能保证国际产能合作的长期稳定开展。参考已有研究，特别是中国社科院世经政所国家风险评级课题组（2019）及标准普尔（Standard & Poor）、穆迪（Moody's）和惠誉（Fitch）等机构的做法，我们将利用共生度分析方法，密切结合 9 个产能过剩细分行业的特点，从共生单元的耦合性、共生关系模式的稳定性和共生环境的友好性三个维度筛选政治、经济、双边关系、国家信用、产业配套和耦合等相关方面指标，建立较为全面的制造业分行业国际产能合作目标综合评价体系。

4.2.2　指标体系构建

国际产能合作目标国投资环境的评价是一项复杂的系统工程，是多个子系统共同构成的有机整体，各个系统相互影响、相互制约。相关评价指标的选取不能停留在理论层面，要具有可行性和可操作性，要在实践中能被观测到。指标的选取不是为了某一特定对象特定时间所设计，要能实现不同时期不同对象之间的比较。中国产能过剩行业国际产能合作环境的评价要素要覆盖共生单元、共生模式和共生环境三个维度，既要考虑东道国宏观投资环境，又要考虑双边关系状况和东道国的产业承接能力。这些因素直接关系到投资企业的收益，关系到过剩产能能否得到有效化解。

本书本着科学性、系统性、代表性和可操作性的原则，整个指标体系的设计分为两个阶段：第一阶段，在进行了大量文献研究的基础上，对投资环境影响要素进行识别，然后对所有指标进行细化和分解，并进行具体指标的初步筛选；第二阶段，到某矿机集团、某动力股份有限公司、中国重型汽车集团有限公司、某对外经济技术合作集团有限公司、某有色金属集团有限公司、济南域潇集团等多家代表性企业[①]进行实地调研，并开展线上专家意见咨询，对第一阶段的指标体系进行修改和完善，确定了最终评价指标体系（见表4-1）。该指标体系包含共生单元耦合性、共生模式稳定性、共生环境友好性三个一级指标。其中，我们将从产业配套基础、产业耦合基础两个方面对东道国产业承接能力进行评估，也即双方共生单元的耦合性；用与中国双边关系反映合作双方相互作用和相互结合的方式，评估共生模式稳定性；从经济环境、政治环境、政府信用三个方面对共生环境友好性进行评估。不同行业具体指标在设计上均有29个，除产业耦合基础的3个指标不同以外，各行业在其余26个指标上保持一致。

表4-1　　中国产能过剩制造业国际产能合作目标评价指标体系

三个维度	分项指标	具体指标
共生单元耦合性	产业配套基础	物流绩效指数
		通电率
		电话普及率
		互联网普及率
		营商环境排名
	产业耦合基础*	X_1
		X_2
		X_3
共生模式稳定性	与中国双边关系	是否签订 BIT
		投资依存关系
		贸易依存关系
		双边政治关系
		免签情况

---

① 应部分企业要求，隐去其全名。

三个维度	分项指标	具体指标
共生环境友好性	经济环境	市场规模
		经济发展水平
		经济活力
		贸易开放度
		投资开放度
	政治环境	执政时间
		政治稳定性
		民主问责
		政府效率
		监管质量
		法制
		腐败控制
	政府信用	政府总债务/GDP
		贸易条件
		经常账户余额/GDP
		财政余额/GDP

注：产业耦合基础 * 中的 X_1、X_2 和 X_3 因产业不同而不同，各产业单独设置，详见4.3节。

4.3　评价指标的说明和赋值标准

4.3.1　共生单元耦合性

国际产能合作共生单元是构成共生关系的基本要素，而对共生单元内在性质及变化中起决定性作用的是质参量。质参量往往不是唯一的，多数情况下是一组。参与国际产能合作的行业在目标国进行生产和经营，最终都是以利润最大化为目的，因而在共生单元耦合性方面要求投资目标国要有良好的产业配套设施和充裕的特定生产要素。我们将从产业配套基础、产业耦合基础两个方面评估东道国产业承接能力，以考察共生单元的耦合性。

1. 产业配套基础

产业配套基础反映了中国制造业企业对外直接投资的物流、通信基础设施情况及新建或经营一家企业的难易程度，良好的产业配套可以提供企业运营所需的硬件和软件条件，节省企业的交易成本，确保企业经营获利。产业配套基础指标包含 5 个。物流绩效指数主要是指贸易有关的基础设施完善程度，反映了企业经营的物流运输成本和相关基础设施质量。通电率用通电人口占总人口的百分比表示，电话普及率用每 100 人所拥有的移动电话数量表示，互联网普及率选取每 100 人中的互联网使用用户数量，以上三个指标可以衡量一个国家生产经营的电力和通信基础设施便利性。营商环境排名是一个复合指标，从微观角度衡量了开办企业、办理施工许可、登记产权、纳税等的便利程度，反映了企业建立、生产和经营的微观环境便利化程度。总之，产业配套基础既包含对东道国硬件条件的衡量，又包含对软件条件的衡量，产业配套基础越完善，产业承接基础越好，企业投资经营环境越好。在最终的指标体系中，我们为各行业设置了完全一致的产业配套基础具体指标（见表 4–2）。

表 4–2   产业配套基础指标

产业配套基础指标	指标说明	数据来源
物流绩效指数	主要反映了与贸易有关的基础设施情况，从 1～5 分，分数越高，相关基础设施越完善	WDI
通电率	通电人口占总人口的百分比	WDI
电话普及率	每 100 人所拥有的移动电话数量	WDI
互联网普及率	每 100 人中的互联网使用用户数量	WDI
营商环境排名	经商的便利程度排序，从 1 到 190	世界银行全球《营商环境报告》

注：WDI 为世界银行 World Development Indicators。下同。

2. 产业耦合基础

考虑到不同制造业行业投资动机各异，在生产上对要素投入的要求也迥然不同，因而我们选取了不同的产业耦合基础指标来反映一个国家特定生产要素充裕程度及相关投资产业特征。

根据前面的测度，中国共有 9 个产能过剩的制造业行业：医药制造业、有色金属冶炼和压延加工业、通用设备制造业、食品制造业、农副食品加工业、非金属矿物制品业、石油/煤炭及其他燃料加工业、黑色金属冶炼和压延加工业、造纸和纸制品业。这 9 个行业分属于技术密集型、资本密集型和劳动密集型三种不同类型，在产业耦合基础具体指标的设置中，我们把 9 个行业分三种情况进行处理：

（1）技术密集型。产能过剩的技术密集型制造业主要包含医药制造业和通用设备制造业两个。高科技产品出口能力和专利申请量考察了一个国家的科技水平和创新能力。科技水平和创新能力越强，意味着相关投资行业将获得越多的"逆向技术溢出"效应，越能有效促进产业结构优化和产能利用率提高。对于医药制造业来说，除了以上两个指标以外，本书还设置了人均医疗卫生支出这一指标，用来反映东道国医药产品的市场需求，人均健康支出越多，说明需求相对越旺盛。对于通用设备制造业，则设置了机械设备生产能力，该指标既反映了该行业在东道国制造业中的地位，又间接反映了国内外市场对该国机械设备的需求。产业耦合基础越好，说明该国的技术和市场条件越成熟，越能吸引技术密集型制造业进行投资（见表 4 - 3）。

表 4 - 3　　　　　　技术密集型制造业产业耦合基础指标

行业	产业耦合基础指标		指标说明	数据来源
医药制造业/通用设备制造业	X_1	高科技产品出口能力	高科技出口（占制成品出口的百分比）	WDI
	X_2	专利申请量	每年专利申请总量，为居民和非居民申请专利数量的和	WDI
	X_3	人均医疗卫生支出/机械设备生产能力	人均健康支出（单位：美元）/采用机械和运输设备占制造业增加值的百分比	WDI

（2）资本密集型。产能过剩的资本密集型制造业主要包括有色金属冶炼和压延加工业、非金属矿物制品业、黑色金属冶炼和压延加工

业、石油/煤炭及其他燃料加工业、造纸和纸制品业 5 个行业。贷款利率的高低反映了一个国家的资本充裕程度，资本密集型行业在建厂和生产上需要大量的资金，较低的贷款利率能降低企业的融资成本。本书涉及的 5 个资本密集型行业，从原材料获取到制成品的生产都比较容易遭受环保标准限制，因此这里引入了环保标准相关指标。环保标准考察了东道国环保的严苛程度，这里用环保绩效指数（EPI）表示，环保绩效指数越高，说明该国相关环保法规越严格，企业生产和经营的环保风险越大。同时，这 5 个行业还具有资源密集的生产特点，对外投资大多以资源获取为目的。因此这里引入了资源禀赋指标，用来考察 5 个行业生产所需要的矿石、能源或林木资源禀赋状况，是企业进行生产的基础性条件。其中，有色金属冶炼和压延加工业、非金属矿物制品业、黑色金属冶炼和压延加工业 3 个行业统一选用矿石和金属资源禀赋，用矿石和金属出口占商品出口的百分比来表示，数值越高说明资源禀赋越好。石油/煤炭及其他燃料加工业选用能源禀赋，用能源净出口额表示，这里的能源包括 SITC 分类标准（第三版）编号为 3 的煤、石油、天然气和电力等一篮子商品，能源净出口额越高表示该国的能源禀赋越充裕。造纸和纸制品业则选取林木资源作为指标，这里用森林面积占一国国土面积的比重来表示，丰富的森林资源能为企业生产提供充足廉价的原材料，有利于企业从生产中获利（见表 4 - 4、表 4 - 5）。

表 4 - 4　　　　　　　资本密集型制造业产业耦合基础指标

行业	产业耦合基础指标		指标说明	数据来源
有色金属冶炼和压延加工业、非金属矿物制品业、黑色金属冶炼和压延加工业、石油/煤炭及其他燃料加工业、造纸和纸制品业	X_1	贷款利率	贷款年利率	WDI
	X_2	环保标准	环保绩效指数（EPI）	耶鲁大学环境法律与政策中心、哥伦比亚大学国际地球科学信息网络中心
	X_3	资源禀赋	行业生产所需要的矿石、能源或其他资源	WDI，UN Comtrade

注：UN Comtrade 为联合国商品贸易数据库。下同。

表 4 - 5   资源禀赋（X_3）子指标的分行业设置

行业	资源禀赋指标（X_3）	指标说明	数据来源
有色金属冶炼和压延加工业、非金属矿物制品业、黑色金属冶炼和压延加工业	矿石和金属资源禀赋	矿石和金属出口占商品出口的百分比	WDI
石油/煤炭及其他燃料加工业	能源禀赋	用能源净出口额表示，等于能源出口额减去能源进口额，这里的能源主要包含煤、石油、天然气和电力	UN Comtrade
造纸和纸制品业	林木资源	森林面积占国土面积的比重	WDI

（3）劳动密集型。前面测算的产能过剩行业中，食品制造业和农副食品加工业属于劳动密集型行业。劳动力供给指标反映了一个国家劳动力生产要素的供给能力，这里选用 15 ~ 64 岁人口占人口总数的比值。劳动密集型行业在进行投资区位选择的时候，往往是想利用国外廉价劳动力进行生产（刘易斯，1978；小岛清，1978），因此我们还选用了劳动力价格这一指标，用劳动者人均收入来表示。农业资源则考察了食品制造业和农副食品加工业生产所需要的原材料是否充裕，用农业原材料出口来表示，是企业进行生产的基础性条件。以上三个指标共同反映了产业耦合基础，基础越好企业生产成本越低，获利越多，企业可以将利润转化为更多的研发投入，通过技术进步促进企业转型升级和产能利用率提高（见表 4 - 6）。

表 4 - 6   劳动密集型制造业产业耦合基础指标

行业	产业耦合基础指标		指标说明	数据来源
食品制造业、农副食品加工业	X_1	劳动力供给	15 ~ 64 岁人口占人口总数的比值	WDI
	X_2	劳动力价格	劳动者人均收入 =（劳动收入占 GDP 百分比 × GDP）/当年劳动力总数	ILO，WDI
	X_3	农业资源	农业原材料出口	WDI

注：ILO 为国际劳工组织 International Labour Organization 数据库。

4.3.2　共生模式稳定性

国际产能合作共生关系具有多样性的特点，共生模式也千差万别。共生模式反映了合作双方合作的水平和程度，双方经济和政治关系越连续越稳定，说明共生基础越牢固。对于中国制造业企业来说，选择前期合作基础深厚、双边政治经济关系良好的目标国进行投资，可以有效降低投资风险。这里选择与中国双边关系对共生关系的稳定性进行评价。

与中国双边关系指标考察的是影响中国制造业企业投资的双边投资政策、经贸关系、政治友好度和政治交往密切程度等方面，好的双边关系有利于稳定投资情绪。是否签订 BIT 是指中国与该东道国是否签订了 BIT，BIT 的签订会对两国的双向投资起到保护作用，可以促进双边投资的开展。投资依存关系和贸易依存关系衡量了中国与该国之前的双边投资或贸易占该国 GDP 的比重，反映了双边经贸合作的紧密程度。双边政治关系用与中国建交年限来表示，政治关系越好，投资风险相对越低。免签情况考察了该国对中国公民签证发放的便利程度（见表 4 - 7）。

表 4 - 7　　　　　　　　　　　与中国双边关系指标

与中国双边关系指标	指标说明	数据来源
是否签订 BIT	1 表示已经签订，0 表示未签订	中国商务部网站
投资依存关系	与中国双向投资/GDP	WDI，UNCTAD，历年《中国对外直接投资统计公报》
贸易依存关系	与中国双边贸易额/GDP	WDI，UN Comtrade
双边政治关系	用建交年限来表示，等于当年减去建交年份	中国外交部网站
免签情况	0～1 分，分数越高，说明该国对中国公民的签证便利度越高	中国领事服务网

注：BIT 为双边投资保护协定（Bilateral Invesment Treaty，BIT）；免签情况根据中国领事服务网提供的数据资料进行整理后，采用专家函询调查法，由专家背对背打分得出。

4.3.3 共生环境友好性

共生环境是国际产能合作共生关系中重要的外部变量。共生环境影响着共生系统的效率和稳定性。共生环境往往是多重的，本研究认为影响国际产能合作的主要环境有经济环境、政治环境和目标国政府信用等方面。

1. 经济环境

经济环境指标提供了东道国投资环境的长期基础，好的经济环境是中国制造业企业海外投资收益和安全性的有力保障。一国的 GDP 总量、人均 GDP 和 GDP 增速衡量了该国的市场规模、经济发展水平和经济活力，而对外贸易额（投资）与 GDP 的比值则反映了一国的开放度（见表4-8）。

表4-8　　　　　　　　　　经济环境指标

经济环境指标	指标说明	数据来源
市场规模	GDP 总量，2005 年不变价美元	WDI
经济发展水平	人均 GDP，2005 年不变价美元	WDI
经济活力	GDP 年增速	WDI
贸易开放度	对外贸易额比 GDP	WDI, UN Comtrade
投资开放度	（外商直接投资＋对外直接投资）/GDP	WDI, UNCTAD

注：UNCTAD 为联合国贸易与发展会议。

2. 政治环境

政治环境指标衡量了一国政治的稳定性和政府行政质量，以及该国的法律环境和发生暴力事件的可能性等方面，良好的政治环境是企业安全投资的基础条件之一。政治环境指标包含 7 个子指标，其中执政时间和政治稳定性反映了一个国家政治的稳定性；民主问责、政府效率、监管质量和腐败控制反映了政府的治理水平和质量；监管质量和法制是合同履行和产权保护的重要保障。东道国的政治越稳定，政府治理水平越高，法制越完善，说明中国制造业投资的政治环境越好，投资风险也会越低（见表4-9）。

表4-9　　　　　　　　　　　政治环境指标

政治环境指标	指标说明	数据来源
执政时间	剩余任期年限	DPI
政治稳定性	衡量一个国家政治治理的政治稳定性，包括暴力和恐怖主义发生的可能性。得分为 -2.5~2.5，分值越高表示治理能力越强，政治越稳定	WGI
民主问责	政府对民众诉求的回应。得分为 -2.5~2.5，分值越高表示民主问责越强	WGI
政府效率	反映政府部门公共服务的质量、行政部门的质量等。得分为 -2.5~2.5，分值越高表示政府效率越高	WGI
监管质量	反映了政府制定和执行允许和促进私营部门发展的健全政策和条例的能力。得分为 -2.5~2.5，分值越高，说明治理能力越强	WGI
法制	反映了合同执行质量，产权保护等。得分为 -2.5~2.5，分值越高，说明治理能力越强	WGI
腐败控制	反映了政府控制和治理腐败的能力。得分为 -2.5~2.5，分值越高，说明腐败治理能力越强	WGI

注：DPI 为世界银行 Database of Political Institutions；WGI 为世界银行 Worldwide Governance Indicators。

3. 政府信用

政府信用考察了一个国家政府部门的负债情况和偿债能力，反映了一个国家发生债务危机的可能性。如果投资东道国发生债务危机，中国制造业企业的投资安全将会受到负面影响。政府信用包括4个指标：政府总债务/GDP 考察了一个国家政府部门的债务水平；经常账户余额/GDP 反映了一个国家的财政实力；贸易条件和财政余额/GDP 反映了该国的偿债能力。一个国家的政府信用越好，说明偿债能力越强，爆发债务危机的可能性越小，企业投资的风险也就越小（见表4-10）。

表 4-10   政府信用指标

政府信用指标	指标说明	数据来源
政府总债务/GDP	各级政府总债务占 GDP 比重	WEO，WDI
贸易条件	出口价格指数与进口价格指数的比重	WDI
经常账户余额/GDP	经常账户余额与 GDP 比值	WEO
财政余额/GDP	财政余额与 GDP 比值，其中财政余额等于财政收入减去财政支出	WEO

注：WEO 为国际货币基金组织（IMF）World Economic Outlook Database 数据库。

4.4 本章小结

制定一套科学完善的指标体系，是中国产能过剩行业国际产能合作目标评价和匹配的前提。本章把共生理论引入国际产能合作领域，用来指导国际产能合作目标评价指标体系的制定。主要完成了以下工作：

第一，把国际产能合作看作复杂的共生系统，对国际产能合作共生关系的三要素进行界定。

第二，在对已有文献和指标体系梳理的基础上，从共生单元耦合性、共生模式稳定性、共生环境友好性三个维度对产能过剩行业国际产能合作目标评价指标体系进行构建。

第三，选取具体指标，并制定赋值标准。共生单元耦合性指标包括产业配套基础和产业耦合基础两个方面，产业配套基础下设 5 个指标，产业耦合基础下设 3 个指标，其中产业耦合指标的选取随产业不同而不同。共生模式稳定性在这里主要用与中国双边关系来衡量，下设 5 个指标来反映双边经济政治关系。共生环境友好性包括经济环境、政治环境和目标国政府信用三个分项指标，其中经济环境设有 5 个子指标，政治环境设有 7 个子指标，政府信用设有 4 个子指标。

第5章 中国产能过剩行业国际产能合作目标综合评价

基于第4章构建的指标体系，本章将系统开展中国产能过剩行业国际产能合作目标的综合评价，以回答"走到哪里去"这一现实命题。本章的主要研究包括：对评价方法和模型进行筛选；利用已选模型，选取"一带一路"沿线国家为评价对象，把9个过剩行业分成6组进行独立评价，并对评价结果进行分析。

5.1 评价方法、模型和评价对象

5.1.1 评价方法的比较和选择

随着制造业对外转移的进程加快和规模扩大，学界对企业海外投资环境评价的研究方法逐渐由定性分析转向定量分析（张碧琼和田晓明，2012；曾海鹰和陈琭婧，2013；郑明贵和谢为，2014；边永民和彭宾，2016；张政和邱力生，2017；汪晶晶等，2018；周明和王满仓，2019）。目前，对于企业海外投资区位选择的评估方法主要有模糊综合评价、层次分析、灰色理论、熵权法、人工神经网络模型、TOPSIS法等。

1. 模糊综合评价

模糊综合评价方法（fuzzy comprehensive evaluation method）是一种基于模糊数学的综合评价方法，是学术界常用的风险评价方法之一。其原理是根据模糊数学的隶属度理论把定性评价转化为定量评价，即先确定评估因素评价等级划分标准和权重，进而运用模糊集合变换原理，用隶属度来刻画各因素的模糊边界，构建评价矩阵，最终通过多层复合运算确定评价对象等级。该方法的优点是能处理模糊难以量化的问题，适用于解决非确定性问题。但是无法判断和剔除评价指标间的重复信息，且赋权较为主观。

2. 层次分析

层次分析法（analytic hierarchy process，AHP）是由美国运筹学家萨蒂（T. L. Saaty，1980）提出的。该方法根据需要解决的决策目标，把复杂问题的指标划分为相互关联的有序层次，构造成一个多层次分析结构模型。分层次进行量化分析和排序，构造判断矩阵，利用特定数学方法（如特征根法）计算出各指标相对权重，确定所有指标的相对重要性次序和对上一层次的影响，用较为直观的方式实现多个备选方案的排序和选择。该方法能统一处理定性和定量指标，具有系统性、实用性、主观性等特点，不过判断和计算工作量往往较大。

3. 灰色理论

灰色系统（grey system）是指只有部分信息明确，另一部分信息不明确的系统。灰色理论（grey system theory）是研究灰色系统分析、建模、预测和控制的理论。灰色模型把一切随机过程看作在一定时间和范围内变化的灰色过程，把无序的原始数据生成为规律性较强的新数列进行研究。由于项目风险信息一般具有信息不对称的特征，因而灰色理论常被用于项目风险评估。一般先用累加和累减法处理原始数据和指标，生成新的数列，在此基础上构建灰色模型，用后验差检验、关联度检验或残差检验法对模型进行精度检验，将达到精度要求的模型应用于风险评估或者其他综合评价。该方法能客观判定系统所属等级，计算较为简便，但是关联度描述只能反映数据列的正相关关系，对负相关缺乏反映。

4. 熵权法

近年来，熵权法（entropy weight method）也被广泛应用到风险预测和综合评价领域。该方法的基本原理是以指标的变异性大小为依据确定其客观权重。通常而言，某特定指标的信息熵越小，说明该指标的信息无序度越低，则权重越高。熵权法采用每个评价指标的相对重要性，即指标赋予决策的信息量程度作为该指标的权重，有效提高了赋权的科学性和客观性，因而在多目标决策中被广泛应用。

5. 人工神经网络模型

人工神经网络（artificial neural network）因模拟人脑神经网络的结构和传导方式而得名，由神经元连接组成一个网络，使用神经元间的互联权重矩阵进行信息的存储和传导，并可以进行学习和利用经验知识。神经网络的连接权和阈值通过对样本的学习进行网络训练而客观确定。该方法在数据分类和预测方面取得了良好的应用效果，且能接受非线性数据，容许噪声和数据遗漏，近年来在风险评价和预测等领域得到广泛应用。不过，由于网络可能会通过沿局部改善方向逐渐进行调整，导致算法陷入局部极值，收敛到局部极小点，从而导致网络训练失败。而且神经网络对初始网络权重非常敏感，使用不同的权重初始化网络，往往会收敛于不同的局部极小点，造成每次训练得到不同结果。

6. TOPSIS 法

TOPSIS（technique for order preference by similarity to ideal solution）法由黄等（C. L. Hwang et al.，1981）提出，又称双基点法，常用于多目标多属性决策的研究。其基本思想是设置正和负两个理想解（点），通过对比备选方案的指标值与正负理想解之间的相对距离，进而得出最优选择。该方法是多目标决策的综合评价方法之一，在对原始数据进行同趋势和归一化处理后，可以消除不同指标量纲的影响，并能充分保留原始数据信息，充分反映各方案之间的实际情况和差距。因此，具有真实、直观和可靠的特点，而且其对数据分布、样本含量指标多少均无严格限制，大小样本评价单元均适用，故在多目标评价领域得到了广泛应用。不过，由于权重信息是事先给定的，TOPSIS 评价法具有一定主观性特征。

此外，主成分分析（马颖等，2018；刘斐等，2019）和因子分析（孙守恒和王维才，2017；苗玉宁和杨冬英，2020）等方法也被一些学者应用于多目标多属性决策的研究。这些常规方法不再一一详述。

　　综上所述，模糊综合评价、层次分析、灰色理论、熵权法、人工神经网络模型、TOPSIS 法等评价方法和模型各有优缺点，适用于不同的前提条件。对各定性评价指标进行量化后，多种方法均可使用。考虑到国际产能合作是一个复杂的过程，外部环境处于不断变化之中，投资目标国的选择既要依据客观指标和方法进行决策，又离不开基于主观经验对于投资机会的判断，因此在指标权重设定上易采取主观和客观相结合的方法。为此，我们借鉴并拓展了熵权改进 TOPSIS 法（张永安和马昱，2017；李泽东等，2020；林龙圳等，2020），采用"熵权 + 层次分析"改进 TOPSIS 综合评价模型，先利用熵权和层次分析法共同确定评价权重，选用对数据要求较小，适用性广泛，操作便捷的 TOPSIS 法进行综合评价，有效避免了单一方法的缺陷，使评价结果更加有效可靠。

5.1.2　评价模型的建立

1. 数据处理

　　在选取指标并获得原始数据之后，我们先将数据进行标准化。不失一般性，这里采用离差标准化（又称 min – max 标准化）方法对原始数据进行线性变换，消除单位影响。$\min(x_{ij})$ 和 $\max(x_{ij})$ 分别为第 j 个指标的最小值和最大值，将 j 指标的某一个原始值 x_{ij} 通过 $\min(x_{ij})$ – $\max(x_{ij})$ 标准化，映射成区间 [0，1] 中的值 p_{ij}。

　　正向指标标准化公式为：

$$p_{ij} = \frac{x_{ij} - \min_{1 \leq i \leq n}(x_{ij})}{\max_{1 \leq i \leq n}(x_{ij}) - \min_{1 \leq i \leq n}(x_{ij})} \tag{5-1}$$

　　负向指标标准化公式为：

$$p_{ij} = \frac{\max_{1 \leq i \leq n}(x_{ij}) - x_{ij}}{\max_{1 \leq i \leq n}(x_{ij}) - \min_{1 \leq i \leq n}(x_{ij})} \tag{5-2}$$

　　规范化后，得到新的标准化评价矩阵 P。

$$P = (p_{ij})_{m \times n} = \begin{matrix} p_{11} & p_{12} & \cdots & p_{1n} \\ p_{21} & p_{22} & \cdots & p_{2n} \\ \vdots & \vdots & \vdots & \vdots \\ p_{m1} & p_{m2} & \cdots & p_{mn} \end{matrix} \qquad (5-3)$$

其中，n 表示评价指标的个数，m 表示评价对象即目标国的数量。

2. 指标权重的确定

（1）采用层次分析法确定主观权重。层次分析法（AHP）是建立在两两比较判断矩阵基础上的主观赋权方法，适用于多层次的指标赋权。采用层次分析法对产能过剩制造业国际产能合作目标评价进行赋权的基本步骤如图 5 – 1 所示。

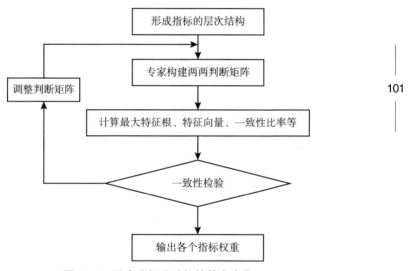

图 5 – 1　层次分析法赋权的基本步骤

①构建指标的层次结构。在第 4 章，我们对产能过剩制造业投资环境评价指标体系进行了具体的设计。由于共生模式稳定性项下只有一个分项指标，为方便层次分析法（AHP）的实施，在专家建议下，我们把共生模式稳定性与共生环境友好性合并成同一个一级指标来处理。具体指标层次结构如图 5 – 2 所示。

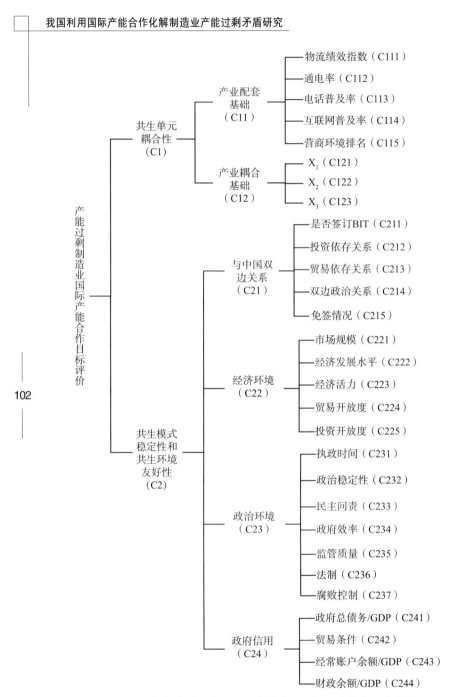

图 5 - 2   产能过剩制造业国际产能合作目标评价指标层次结构

②由专家构建两两判断矩阵。由于本书中包含的指标体系数量较多，考虑到评价工作的严谨性和指标权重设置的重要性，本书采取群组专家层次分析法，即由各领域专家组建工作组，共同完成两两判断矩阵，避免单独评判时的不一致。根据指标层次结构，本研究共有 9 个两两判断矩阵。

③两两判断矩阵的一致性检验。逐个矩阵计算出最大特征根和特征向量，据此计算出一致性指标，对照随机平均一致性指标，计算出一致性比率。若一致性比率小于 0.1，则认为不一致程度在容许范围内，符合逻辑上的一致性，通过检验。否则，需要对该两两判断矩阵进行调整，并重新计算相关数值，直到通过一致性检验。

④输出各指标权重，即为本研究中指标评价权重中的主观权重部分。

（2）采用熵权法确定客观权重。熵权法的基本思路是根据指标变异性的大小来确定客观权重。一般来说，某个指标的信息熵越小，说明该指标变异程度越大，提供的信息量越大，相应的在综合评价中的作用也就越大，权重也就越大。反之亦反。熵权法的主要步骤包括两步：

第一步，针对标准化矩阵 P，根据信息熵的定义，计算每一个数据指标的熵值：

$$e_j = -(1/\ln m) \cdot \left(\sum_{i=1}^{m} f_{ji} \cdot \ln f_{ij} \right) \qquad (5-4)$$

其中，$f_{ij} = \dfrac{p_{ij}}{\sum\limits_{i=1}^{m} p_{ij}}$。如果 $f_{ij}=0$，则定义 $\lim_{f_{ij} \to 0}(f_{ij} \cdot \ln f_{ij}) = 0$。

第二步，根据上面信息熵的计算公式，可以进一步计算出各指标的权重：

$$w_j = \dfrac{1-e_j}{n - \sum\limits_{j=1}^{n} e_j}, \quad j=1,2,\cdots,n \qquad (5-5)$$

w_j 即为本书中第 j 个指标评价权重中的客观权重部分。

（3）指标权重的最终确定。分别利用层次分析法计算出主观权重以及熵权法计算出客观权重后，组合得到最终指标权重：

$$\widehat{w_j} = a \times 客观权重 + (1-a) \times 主观权重 \qquad (5-6)$$

$\widehat{w_j}$ 为第 j 个指标的最终权重，a 为客观权重占比，（1-a）为主观权重占比，由专家组决定。

3. TOPSIS 综合评价

TOPSIS 评价方法需要虚拟两个理想解：一个正理想解和一个负理想解。分别计算评价对象到正负理想解的距离，进而计算每个评价对象距离正理想解的相对接近度，数据越大，说明评价越好。如前所述，本书共 n 个指标，m 个投资东道国作为评价对象，在对数据标准化处理后，可以得到式（5-3）所示的 m×n 矩阵。应用 TOPSIS 综合评价进行产能过剩制造业国际产能合作环境评价，具体步骤如下：

步骤1：将标准化矩阵（5-3）乘以权重，得到加权后的新矩阵 T，有：

$$T = (T_{ij})_{m \times n} = \begin{matrix} T_{11} & T_{12} & \cdots & T_{1n} \\ T_{21} & T_{22} & \cdots & T_{2n} \\ \vdots & \vdots & \vdots & \vdots \\ T_{m1} & T_{m2} & \cdots & T_{mn} \end{matrix} \quad (5-7)$$

其中，$T_{ij} = \widehat{w_J} p_{ij}$。

步骤2：确定正理想解和负理想解。

①正理想解是一个设想的最优解，由 T 中每列的最大值组成：

$$R^+ = (R_1^+, R_2^+, \cdots, R_n^+) \quad (5-8)$$

②负理想解是一个设想的最劣解，由 T 中每列的最小值组成：

$$R^- = (R_1^-, R_2^-, \cdots, R_n^-) \quad (5-9)$$

步骤3：计算各东道国标准化后的指标数值序列与正、负理想解的欧式距离。

①到正理想解的距离为：

$$d_i^+ = \sqrt{\sum_{j=1}^{n} (T_{ij} - R_j^+)^2}, \ i = 1, 2, \cdots, m \quad (5-10)$$

②到负理想解的距离为：

$$d_i^- = \sqrt{\sum_{j=1}^{n} (T_{ij} - R_j^-)^2}, \ i = 1, 2, \cdots, m \quad (5-11)$$

步骤4：计算各东道国标准化后的指标数值序列到正理想解的相对接近度：

$$d_i = \frac{d_i^-}{d_i^+ + d_i^-}, \ i = 1, 2, \cdots, m \quad (5-12)$$

其中，$0 \leqslant d_i \leqslant 1$，$d_i$ 越大越接近 1，说明 d_i^+ 越小越接近 0，即指标数值序列到正理想解的距离越小，越接近正理想解。即 d_i 越大，说明综合评价指标得分越高。

5.1.3　评价对象选取和数据处理

本书对产能过剩的 9 个制造行业按生产要素投入和生产特点的不同分成 6 组，按组别进行独立的国际产能合作目标匹配综合评价。各组评价均以"一带一路"沿线国家为研究对象，选取 2013 ~ 2017 年[①]的面板数据进行分析。根据中国一带一路网统计，截至 2020 年 1 月，共有来自六个大洲的 144 个国家（地区）与中国签订了"一带一路"相关合作协议。不过，由于"一带一路"沿线国家大多是发展中国家，数据统计能力较弱，而本书涉及数据指标众多，来源数据库繁杂，加之采用连续 5 年数据，因此数据不连续不完整的情况在所难免。针对个别评价对象数据缺失或数据统计上的不连续性，这里借鉴布莱洛克等（Blalock et al.，2004）的做法，即如果该指标首尾年份数据可得，则采用平滑递推法补上其不超过两年的缺失值，超过两年则删除该评价对象。在实际操作中无法将所有"一带一路"沿线国家纳入评价当中，具体评价样本范围由于各细分行业"产业耦合基础"指标等的设置差异而不同，具体情况如表 5 - 1 所示。

表 5 - 1　　　　　　　　六组行业评价对象的范围

行业分组情况	评价对象范围
医药制造业	44 个"一带一路"沿线国家
通用设备制造业	36 个"一带一路"沿线国家
有色金属冶炼和压延加工业、非金属矿物制品业、黑色金属冶炼和压延加工业	24 个"一带一路"沿线国家
石油/煤炭及其他燃料加工业	11 个"一带一路"沿线国家
造纸和纸制品业	34 个"一带一路"沿线国家
食品制造业和农副产品加工业	48 个"一带一路"沿线国家

---

① 本书涉及指标众多，特别是来源于世界银行 WDI 的相关指标，大多只更新至 2017 年。

对于每一组行业，根据指标体系获取原始数据，采取前面介绍的离差标准化方法对原始数据分别进行标准化处理。然后对指标进行赋权，由熵权法决定的客观权重和层次分析法决定的主观权重来决定最终权重。这里根据专家组的意见，客观权重和主观权重在最终权重中各占50%比例，即$\widehat{w_j} = 0.5 \times$客观权重$+ 0.5 \times$主观权重。最后，运用TOP-SIS法，通过欧式距离计算出各目标国指标表现与正理想解的相对接近度d_i，并将2013~2017年综合评价值的均值作为最终评价结果，分值越高，说明投资环境越好。最终得到六组独立的评价结果，下面将分别进行详细介绍。

5.2 医药制造业合作环境评价结果分析

医药制造业投资环境评价中，共有44个"一带一路"沿线国家（地区）被纳入了评价范围，既包括意大利、葡萄牙、希腊、新西兰等发达经济体，又包含俄罗斯、阿联酋等新兴经济体。从地缘上来看，涉及亚洲国家（地区）18个，中东欧15个，欧洲4个，大洋洲1个，南美洲4个，非洲2个。

5.2.1 合作环境地区差异

根据评价结果，投资环境综合评价得分大于0.5分的只有韩国一个国家，此外排在前十名的还有新加坡、奥地利、新西兰、马来西亚、卢森堡、意大利、阿联酋、俄罗斯和爱沙尼亚。而排在后十位的则为白俄罗斯、斯里兰卡、埃及、厄瓜多尔、摩尔多瓦、圭亚那、乌克兰、尼泊尔、波黑和约旦（见表5-2）。从区域分布来看（见图5-3），东亚、欧洲和大洋洲等地区高收入国家，以及东南亚的部分国家排名较为靠前。非洲、南美、中东欧、中亚、西亚等地区国家排位较为靠后。总的来说，收入较高的国家评级高于低收入国家。主要原因在于高收入经济体通常科技也比较发达，而医药制造业属于技术密集型行业，投资发达经济体更容易获得"逆向技术溢出"，以便更高效化解产能过剩。同时，医药制造业也可以辅以向发展中国家投资，通过产业转移达到直接化解产能的目的。

表 5 – 2　　　　　　医药制造业合作环境综合评价结果

国家（地区）	得分	排名	国家（地区）	得分	排名
韩国	0.572	1	沙特阿拉伯	0.227	23
新加坡	0.400	2	巴林	0.226	24
奥地利	0.361	3	拉脱维亚	0.225	25
新西兰	0.338	4	南非	0.223	26
马来西亚	0.329	5	吉尔吉斯斯坦	0.221	27
卢森堡	0.317	6	土耳其	0.221	28
意大利	0.312	7	保加利亚	0.220	29
阿联酋	0.292	8	克罗地亚	0.218	30
俄罗斯	0.283	9	罗马尼亚	0.214	31
爱沙尼亚	0.272	10	秘鲁	0.211	32
印度	0.271	11	柬埔寨	0.207	33
哈萨克斯坦	0.269	12	巴基斯坦	0.201	34
捷克	0.263	13	白俄罗斯	0.194	35
智利	0.261	14	斯里兰卡	0.193	36
泰国	0.259	15	埃及	0.191	37
葡萄牙	0.249	16	厄瓜多尔	0.190	38
斯洛伐克	0.248	17	摩尔多瓦	0.190	39
立陶宛	0.247	18	圭亚那	0.184	40
波兰	0.244	19	乌克兰	0.183	41
印度尼西亚	0.237	20	尼泊尔	0.154	42
塞浦路斯	0.232	21	波黑	0.152	43
希腊	0.230	22	约旦	0.148	44

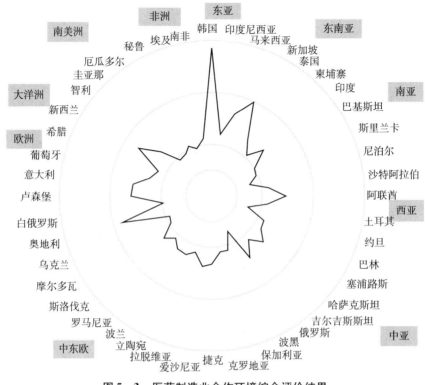

图 5-3　医药制造业合作环境综合评价结果

5.2.2　合作环境重点国别分析

下面我们将结合各分项指标，对综合排名靠前的重点国家展开分析（见图 5-4）。

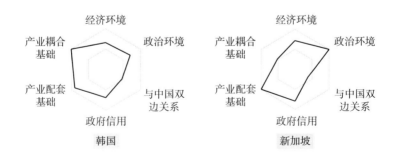

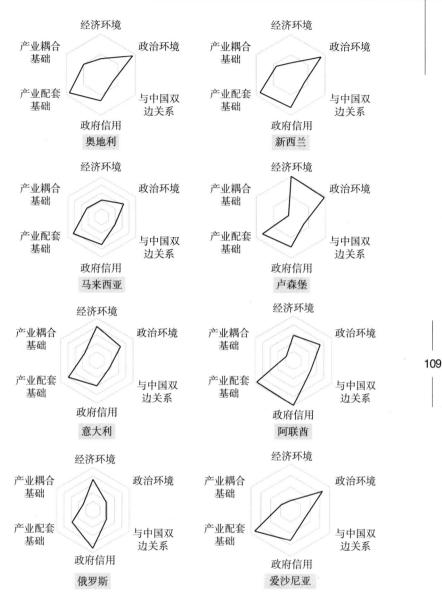

图 5 - 4　医药制造业合作重点国家分项指标情况

　　韩国各分项指标表现较为均衡，产业配套和产业耦合方面尤为突出，这主要跟该国完善的基础设施、宽松的微观营商环境、突出的产业创新能力和发达的医药制造业有关。韩国政府早在 20 世纪 80 年代就制定了"科技立国"的产业政策，非常重视企业技术创新能力的提升，其医药制造业特别是生物医药研发一直处于世界领先地位。韩国经济势头发展良好，市场潜力较大，与中国政府交往相对稳定，政府也出台了很多吸引外商直接投资的政策措施，因而是中国医药制造业投资的首选。

新加坡投资环境的吸引力主要表现在完善的产业配套基础、稳定的政治环境、良好的政府信用和经济环境等方面。生物制药是新加坡制造业的传统四大支柱产业之一，2017 年产值达 296.03 亿新元，占制造业总产值的 9.22%，就业人数 2.22 万人[①]。因此该国也是中国医药制造业投资的优质目标国。

奥地利在产业配套基础和政治环境指标上表现优异，政府信用和产业耦合基础也较好。奥地利属于经济发达国家，人均 GDP 在欧洲排名比较靠前，该国工业基础好，在生物和医疗技术领域具有领先优势。类似地，新西兰在产业配套基础和政治环境方面表现也较为突出，且具有良好的政府信用，但是产业耦合基础不如奥地利优越。

马来西亚各分项指标比较均衡，产业配套基础、政府信用和政治环境表现相对突出。卢森堡经济、政治环境、产业配套和政府信用维度得分较高，但是由于市场规模等条件所限，除了钢铁产业以外，该国工业基础较为薄弱，产业耦合基础评分较低。意大利虽然在经济和政治环境的表现上不如卢森堡，但具有良好的产业配套基础，另外，该国的产业耦合基础也要优于卢森堡、阿联酋、俄罗斯和爱沙尼亚。阿联酋在产业耦合方面表现为与中国的互补，该国人均收入非常高，政局较为稳定，基础设施发达，经济开放度好，因而具有良好的市场需求前景。俄罗斯经济环境、政府信用和产业配套基础评分较高，其他指标表现一般。爱沙尼亚的评价结果与奥地利、新西兰比较相似，但是在产业耦合和整体经济环境上，评价要低得多。

除以上国家外，印度、哈萨克斯坦、捷克、智利、泰国等国也表现出一定的投资吸引力，可以作为中国医药制造业产能合作的重要备选目标国。

---

① 中华人民共和国新加坡共和国大使馆经济商务处，http://sg.mofcom.gov.cn/article/gqjs/201809/20180902784754.shtml。

5.3　通用设备制造业合作环境评价结果分析

通用设备制造业对外投资环境综合评价中，共有 36 个"一带一路"沿线国家（地区）被纳入了评价范围，既有意大利、葡萄牙、希腊、新西兰等发达经济体，又有俄罗斯、南非等新兴经济体。从地缘上来看，包括来自东亚、东南亚、南亚、西亚、中亚的亚洲国家 13 个，中东欧国家 14 个，欧洲发达国家 3 个，大洋洲国家 1 个，南美洲国家 3 个，以及非洲国家 2 个。

5.3.1　合作环境地区差异

从表 5 - 3、图 5 - 5 可以看出，跟医药制造业一样，综合评价得分最高的国家也是韩国，以 0.697 分遥遥领先于其他国家。第二名为新加坡，0.468 分。评分大于 0.3 的国家共 18 个，大多来自亚洲、欧洲、大洋洲和南美洲。由于通用设备制造业是技术密集型行业，相关产能过剩企业实施对外投资，通常是以学习国外先进技术为目的，以实现自身转型升级，提高产能利用率。因而宏观环境好、科技较发达、工业基础雄厚的国家一般是通用设备制造业在"一带一路"沿线的最佳投资目的地，这里主要包括韩国、新加坡、马来西亚、意大利、俄罗斯、奥地利等国。而厄瓜多尔、摩尔多瓦、波黑、约旦等国则投资条件较差，不易开展投资。

表 5 - 3　　　　通用设备制造业合作环境综合评价结果

国家（地区）	得分	排名	国家（地区）	得分	排名
韩国	0.697	1	斯洛伐克	0.340	8
新加坡	0.468	2	吉尔吉斯斯坦	0.337	9
马来西亚	0.394	3	印度	0.331	10
意大利	0.359	4	爱沙尼亚	0.329	11
俄罗斯	0.353	5	哈萨克斯坦	0.322	12
奥地利	0.349	6	波兰	0.320	13
新西兰	0.340	7	智利	0.310	14

续表

国家（地区）	得分	排名	国家（地区）	得分	排名
印度尼西亚	0.308	15	克罗地亚	0.274	26
塞浦路斯	0.306	16	希腊	0.265	27
立陶宛	0.304	17	白俄罗斯	0.263	28
罗马尼亚	0.301	18	乌克兰	0.259	29
保加利亚	0.288	19	秘鲁	0.257	30
葡萄牙	0.287	20	埃及	0.247	31
土耳其	0.286	21	斯里兰卡	0.246	32
阿曼	0.284	22	厄瓜多尔	0.245	33
沙特阿拉伯	0.284	23	摩尔多瓦	0.244	34
南非	0.279	24	波黑	0.197	35
拉脱维亚	0.274	25	约旦	0.197	36

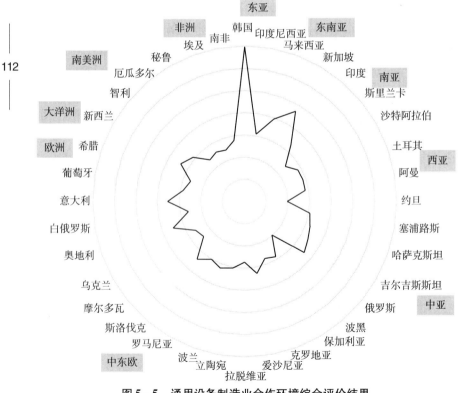

图5-5 通用设备制造业合作环境综合评价结果

5.3.2　合作环境重点国别分析

下面我们将对综合评价结果中排名比较靠前的韩国、新加坡、马来西亚、意大利、俄罗斯、奥地利、新西兰、斯洛伐克、吉尔吉斯斯坦和印度等国进行重点分析（见图 5 - 6）。

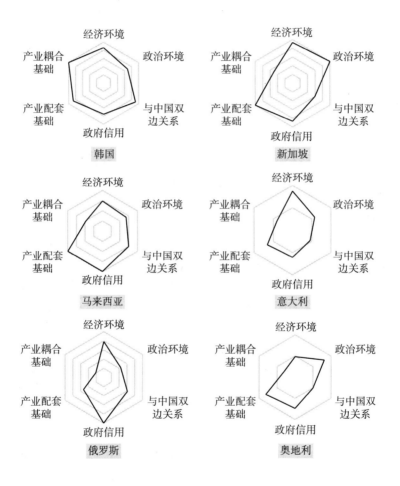

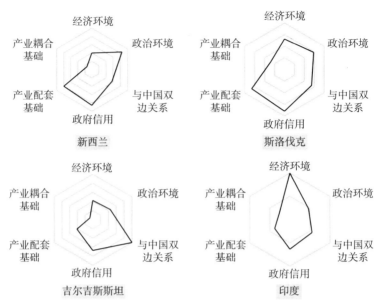

图5-6 通用设备制造业合作重点国家分项指标情况

韩国的六个分项指标表现都比较突出，说明该国投资环境好，投资风险低，具有良好的投资配套基础和产业耦合基础。据中国商务部披露，韩国通用设备制造业实力雄厚，2018年总产值达1067.7亿美元，占该国全年GDP的7%，在全球排名第八位。韩国十分重视研发和生产附加值的提高，是中国通用设备制造业实施对外产能合作的最佳目标国之一。

新加坡和马来西亚的各项指标得分相对均衡，两个国家在经济环境、政治环境、政府信用及产业配套基础等方面均获得了较高的评分。新加坡的政治环境和经济环境要优于马来西亚，但是与中国双边关系分项指标得分不如马来西亚。两个国家的产业耦合基础均不如韩国，但是要优于其他国家。

意大利虽然在产业配套基础和政府信用方面比前三名国家得分要低，但总的来说各分指标表现较为均衡，对于中国通用设备制造业来说也是较为优质的投资目的国。

俄罗斯的政府信用、经济环境分指标表现较好，产业配套、双边关系、政治环境表现比较一般，而产业耦合基础则明显劣于前面四个国家。奥地利和新西兰在产业配套基础、政治环境、政府信用等方面虽有不错表现，具有一定的投资吸引力，不过新西兰的产业耦合基础相对较差，奥地利在这方面明显优于新西兰。斯洛伐克各项指标发展较为均衡，也是不错的投资选择目标。吉尔吉斯斯坦与中国有着良好的经济合作基础和政治关系，但其他各项指标表现均不突出，产业耦合基础与中国呈现互补，中国可以对该国实施产业转移，帮助其进行工业化建设，同时达到化解本国过剩产能的目的。印度在所有国家中，属于经济体量和市场规模较大的国家，经济环境指标评分较高，该国其他各项指标表现较为一般，在产业上与中国以互补为主，可以作为中国通用设备制造业转移的重要承接地。

此外，爱沙尼亚、哈萨克斯坦、波兰、智利、印度尼西亚、塞浦路斯、立陶宛、罗马尼亚等国综合评分均在 0.3 以上，排名较为靠前，也可以作为投资的备选目标。

5.4　金属和非金属矿物相关制造业合作环境评价结果分析

有色金属冶炼和压延加工业、非金属矿物制品业、黑色金属冶炼和压延加工业同属于资本密集型制造业，且具有资源密集的特点，参考邢佳韵（2017）等的做法，我们将这三个产业合并处理，合称"金属和非金属矿物相关制造业"，统一用矿石和金属出口占商品出口的百分比作为衡量东道国资源禀赋的重要指标。在金属和非金属矿物相关制造业的对外投资环境综合评价中，剔除掉缺失指标和异常值之后，最终有 24 个"一带一路"沿线国家被纳入评价范围。这些国家主要为矿产资源丰富的中低收入国家，包括马来西亚等 7 个亚洲国家，俄罗斯等 9 个中东欧国家，智利等 2 个南美国家，南非等 5 个非洲国家，以及 1 个大洋洲国家。

5.4.1　合作环境地区差异

在 24 个"一带一路"沿线国家中，综合评分排名前十的依次是智利、津巴布韦、吉尔吉斯斯坦、南非、安哥拉、印度、玻利维亚、新西兰、缅甸和俄罗斯。前三名国家中，智利综合评价得分 0.407，津巴布韦 0.382，吉尔吉斯斯坦 0.334（见表 5 – 4）。需要特别说明的是，由于有色金属冶炼和压延加工业、非金属矿物制品业、黑色金属冶炼和压延加工业对资源的依赖性很高，因而各东道国产业耦合基础中的资源禀赋基础尤为重要，在评价中无论是熵权的客观赋权还是专家组的主观赋权都给予了"矿石和金属资源禀赋"指标极高的权重，最终该指标综合权重为 0.1455。图 5 – 7 显示了这些投资目标国的地域分布，矿产资源丰富的南美洲、非洲和中亚国家相对更加具有投资吸引力，金属和非金属矿物相关制造业企业可以通过与这些国家开展产能合作，减少国内边际产业的生产，优化企业资源配置，将生产要素布局于新技术、新产品的研发，通过提升整个企业乃至行业的技术水平，有效化解过剩产能。

表 5 – 4 　　　金属和非金属矿物相关制造业合作环境综合评价结果

国家（地区）	得分	排名	国家（地区）	得分	排名
智利	0.407	1	泰国	0.282	13
津巴布韦	0.382	2	白俄罗斯	0.280	14
吉尔吉斯斯坦	0.334	3	保加利亚	0.279	15
南非	0.331	4	埃及	0.278	16
安哥拉	0.317	5	捷克	0.276	17
印度	0.311	6	马来西亚	0.275	18
玻利维亚	0.310	7	摩尔多瓦	0.269	19
新西兰	0.297	8	马其顿	0.266	20
缅甸	0.296	9	罗马尼亚	0.264	21
俄罗斯	0.294	10	阿尔及利亚	0.259	22
乌克兰	0.293	11	波黑	0.258	23
阿曼	0.283	12	黎巴嫩	0.258	24

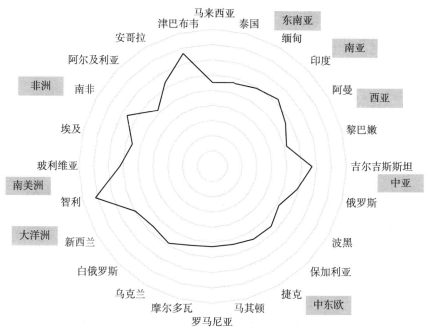

图 5 - 7　金属和非金属矿物相关制造业合作环境综合评价结果

5.4.2　合作环境重点国别分析

下面我们将对综合排名靠前的智利、津巴布韦、吉尔吉斯斯坦、南非、安哥拉、印度等国进行详细分析（见图 5 - 8）。

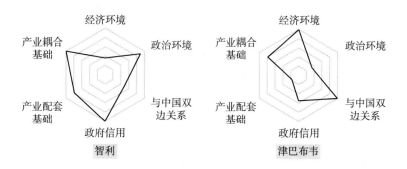

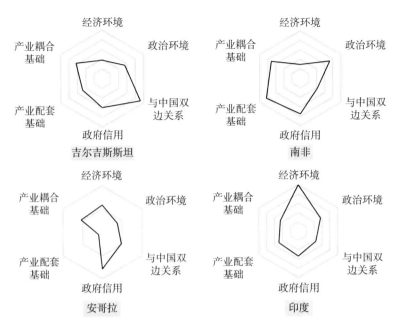

图 5 - 8   金属和非金属矿物相关制造业合作重点国家分项指标情况

　　智利在产业耦合、政治环境、政府信用和产业配套方面都具有明显的优势，特别是产业耦合基础尤为突出。智利是矿业大国，已探明铜储量约占世界总储藏量的 1/3，碳酸锂、硝石、钼、铁等金属含量也十分充裕。2018 年该国矿业产值对 GDP 的直接贡献占比为 10.75%，间接贡献占比超过 30%[①]。近年来，受国际矿产资源价格下跌的影响，该国经济增长较为缓慢，经济环境评分表现一般。

　　津巴布韦在经济环境、与中国双边关系及产业耦合基础方面获得了较高评分。近年来，津巴布韦经济发展十分迅速，经济增长率高于大多数非洲国家，2018 年增长率为 6.16%，人均 GDP 为 1712 美元[②]。津巴布韦矿产资源种类繁多，主要矿产有黄金、铂族金属、镍、铬、钻石等 80 余种，储量十分丰富。中津之间签订有贸易、投资等多个经贸协定，双边贸易和投资关系十分密切。不过，从图 5 - 8 我们也可以看出津巴

　　① 中华人民共和国商务部. 对外投资合作国别（地区）指南——智利［DB/OL］. ht- tp：//fec. mofcom. gov. cn/article/gbdqzn/#.
　　② 中华人民共和国商务部. 对外投资合作国别（地区）指南——津巴布韦［DB/OL］. http：//fec. mofcom. gov. cn/article/gbdqzn/#.

布韦在基础配套方面还比较落后，同时该国政治风险相对较高。

在六个分项指标中，吉尔吉斯斯坦在与中国双边关系、产业耦合基础等方面表现突出。中吉两国经贸往来十分密切，目前中国是吉尔吉斯斯坦的第二大贸易伙伴。两国投资合作始于20世纪90年代，截至2018年底，中对吉直接投资存量13.93亿美元。吉尔吉斯斯坦拥有一些世界级的大型矿床，如库姆托尔金矿、哈伊达尔干汞矿等，此外还拥有大量尚未得到开发和勘探的资源。在分项指标评价中，该国经济环境、政治环境、政府信用处于中等水平，产业配套基础较为薄弱。

南非是最具有投资吸引力的非洲国家之一，对于中国金属和非金属矿物相关制造业来说该国具有良好的政治环境、产业配套基础、产业耦合基础，但在与中国双边关系和经济环境上表现相对一般。除了产业配套基础以外，安哥拉在其他五个方面均获得了相对不错的评价。该国政局相对稳定、经济政策稳健，前期与中国合作基础良好，突出的资源优势和制造业潜力使得该国具有一定的投资吸引力。与其他几个国家相比，印度的矿产资源禀赋不太突出，不过正如上一节所分析，该国经济体量和市场规模较大，中国金属和非金属矿物相关制造业可以把产业向该国转移，利用该国广阔的市场空间消化和化解过剩产能。

5.5　石油、煤炭及其他燃料加工业合作环境评价结果分析

能源领域是中国对"一带一路"沿线国家投资的重点产业领域之一。石油、煤炭及其他燃料加工业在进行对外投资决策时，产业耦合基础特别是东道国的能源禀赋这一因素十分重要，是中国企业进行投资合作区位选择的关键和重要决定性因素。我们用能源净出口额表示各东道国的能源禀赋，这里的能源涵盖了石油、煤、天然气等各种燃料。"一带一路"沿线国家能源储量具有不均衡性和不可移动性的特点，根据沿线各国能源分布特性，我们首先筛选出能源禀赋较好，净出口额大于0的国家，然后进一步剔除了指标缺失和异常值，最终有11个国家被纳入评价范围。

5.5.1 合作环境地区差异

在 11 个投资目标国中，综合得分 0.35 以上的有俄罗斯和卡塔尔两个国家。综合得分为 0.3 ~ 0.35 的国家有 6 个，分别是科威特、马来西亚、阿曼、印度尼西亚、巴林和安哥拉。能源禀赋好的国家通常排名比较靠前，说明这些国家更加具有投资吸引力。中国石油、煤炭及其他燃料加工业可以通过对这些国家进行投资合作，实现产业转移和企业资源优化整合，进而提升科技和研发水平，通过转型升级缓解产能过剩矛盾。低于 0.3 分的国家有三个，分别为阿尔及利亚、缅甸和玻利维亚（见表 5 –5）。从区域分布来看，这些能源储量丰富的国家大多分布在中东欧、西亚、东南亚、非洲和南美地区（见图 5 –9）。

表 5 –5　　石油、煤炭及其他燃料加工业合作环境综合评价结果

国家（地区）	得分	排名	国家（地区）	得分	排名
俄罗斯	0.414	1	巴林	0.319	7
卡塔尔	0.359	2	安哥拉	0.305	8
科威特	0.342	3	阿尔及利亚	0.292	9
马来西亚	0.341	4	缅甸	0.283	10
阿曼	0.329	5	玻利维亚	0.254	11
印度尼西亚	0.321	6	—	—	—

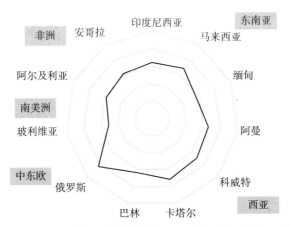

图 5 –9　石油、煤炭及其他燃料加工业合作环境综合评价结果

120

5.5.2　合作环境重点国家分析

石油、煤炭及其他燃料加工业合作重点国家分项指标情况如图 5 – 10 所示。

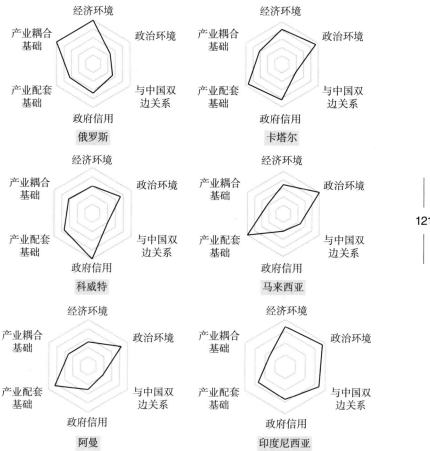

图 5 – 10　石油、煤炭及其他燃料加工业合作重点国家分项指标情况

在石油、煤炭及其他燃料加工业投资环境的综合评价中，排名前三位的为俄罗斯、卡塔尔和科威特。俄罗斯的产业耦合基础和经济环境是所有国家中最好的，其他四个分项指标也相对均衡。俄罗斯的能源禀赋非常优越,天然气蕴藏量占全球探明储量的 21%,居世界第一;煤的蕴藏量约 1579 亿吨,居世界第二;石油探明储量 252 亿吨,约占全球的 5%。

卡塔尔在产业配套基础、政治环境、政府信用、产业耦合基础和经济环境方面都取得了不错的评分。该国天然气和石油储量丰富,据 BP 能源统计年鉴显示,截至 2018 年底,该国天然气已探明储量 24.7 亿立方米,居世界第三位,石油储量 252 亿桶,居世界第十四位。该国在与中国双边关系分项指标上评分较低,主要由于该国产业较为单一,双边贸易和投资规模相对较小。

科威特的情况与卡塔尔类似,政府信用、政治环境、经济环境、产业耦合基础和产业配套基础等分项指标评分较高。该国也是石油和天然气的生产和出口大国,在能源禀赋上具有明显优势。与中国双边贸易和投资合作规模比卡塔尔要大,因而在双边关系这一分项指标上评分略高于卡塔尔。

与其他国家相比,马来西亚和印度尼西亚在能源禀赋上不是特别突出,但是这两个国家拥有更好的产业配套基础和政治环境。印度尼西亚在与中国双边关系和政府信用维度的评分要高于马来西亚。阿曼在各项指标上相对较为均衡,该国产业配套完善,政治环境稳定,也是较为优质的投资目标国。此外,巴林、安哥拉的综合评分也较高,是石油、煤炭及其他燃料加工业开展产能合作的重要备选目标国。

5.6 造纸和纸制品业合作环境评价结果分析

造纸和纸制品业投资环境综合评价中,共有 34 个"一带一路"沿线国家被纳入评价范围,主要以中低收入的发展中国家为主。其中,亚洲地区 15 个,包含印度尼西亚、马来西亚、菲律宾、泰国、越南和缅甸 6 个东南亚国家,印度、巴基斯坦和马尔代夫 3 个南亚国家,约旦、黎巴嫩和阿富汗 3 个西亚国家,吉尔吉斯斯坦和塔吉克斯坦 2 个中亚国家,韩国 1 个东亚国家;中东欧国家 10 个,包括俄罗斯、波黑、保加利亚、捷克、匈牙利、马其顿、罗马尼亚、摩尔多瓦、乌克兰和白俄罗斯;大洋洲国家 1 个,为新西兰;南美洲国家 5 个,包括智利、圭亚那、玻利维亚、乌拉圭和巴拿马；非洲国家 3 个，包括埃及、阿尔及利亚和尼日利亚。

5.6.1　合作环境地区差异

从表 5 - 6、图 5 - 11 可以看出，排名前 10 的国家中，韩国综合评价得分最高，其次依次为圭亚那、马来西亚、巴拿马、新西兰、俄罗斯、印度尼西亚、越南、捷克和泰国。而黎巴嫩、摩尔多瓦、阿尔及利亚、乌拉圭、吉尔吉斯斯坦、马尔代夫、埃及、约旦、乌克兰和尼日利亚。排名比较靠后，投资风险相对较大，产业合作基础较差。

表 5 - 6　　　　造纸和纸制品业合作环境综合评价结果

国家（地区）	得分	排名	国家（地区）	得分	排名
韩国	0.487	1	智利	0.312	18
圭亚那	0.384	2	罗马尼亚	0.306	19
马来西亚	0.377	3	白俄罗斯	0.305	20
巴拿马	0.357	4	阿富汗	0.301	21
新西兰	0.343	5	菲律宾	0.295	22
俄罗斯	0.340	6	巴基斯坦	0.288	23
印度尼西亚	0.335	7	塔吉克斯坦	0.285	24
越南	0.335	8	黎巴嫩	0.277	25
捷克	0.327	9	摩尔多瓦	0.273	26
泰国	0.324	10	阿尔及利亚	0.270	27
印度	0.323	11	乌拉圭	0.266	28
马其顿	0.322	12	吉尔吉斯斯坦	0.265	29
玻利维亚	0.321	13	马尔代夫	0.263	30
波黑	0.320	14	埃及	0.260	31
缅甸	0.319	15	约旦	0.259	32
匈牙利	0.315	16	乌克兰	0.256	33
保加利亚	0.313	17	尼日利亚	0.248	34

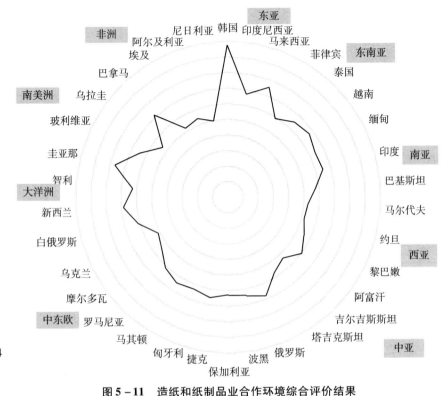

图 5 - 11 造纸和纸制品业合作环境综合评价结果

5.6.2 合作环境重点国别分析

综合评价排名比较靠前的国家包括韩国、圭亚那、马来西亚、巴拿马、新西兰、俄罗斯、印度尼西亚、越南、捷克、泰国等，下面我们将进行详细分析（见图 5 - 12）。

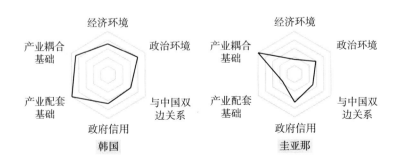

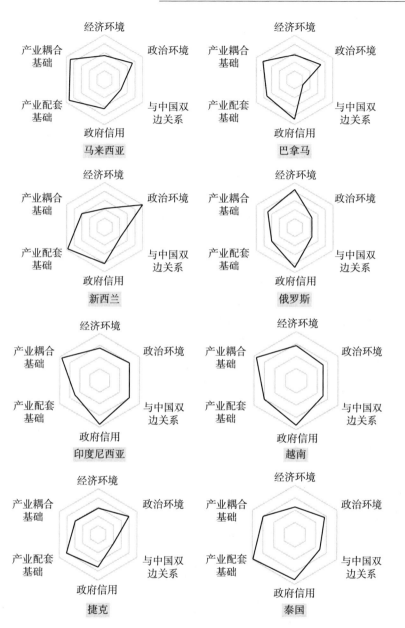

图 5 – 12　造纸和纸制品业合作重点国家分项指标情况

从分项指标得分来看，韩国各项指标发展相对平衡，其产业配套基础是所有国家中最完善的。韩国在众多国家中，属于技术水平先进国家，去该国投资有利于中国造纸和纸制品业技术水平的提高。

圭亚那有良好的产业耦合基础，该国属于热带雨林气候，有着丰富的森林资源，可以为造纸企业生产提供充足的原材料。但该国经济环境较差，产业配套基础薄弱。

马来西亚各项指标评价相对比较均衡，产业配套和产业耦合基础表现较为突出，政治环境和政府信用分项指标评分也较高。该国地理位置优越，可以作为进入东盟市场的桥梁，加上劳动力素质普遍较高，是中国造纸和纸制品业投资的优质目标国。

巴拿马是南美洲最重要的国家之一，该国政局稳定，经济发展势头良好，具有较为完善的产业配套和产业耦合基础。不过由于该国2017年才与中国建交，因此前期合作基础相对薄弱。

新西兰政治环境稳定，产业配套完善，政府信用风险较低，不过该国的产业耦合基础比前面四个国家略差，主要是由于该国环保标准较高，造纸企业面临一定的环保风险。

俄罗斯在政府信用、经济环境和产业耦合基础等方面获得了较高的评分。该国森林资源十分丰富，木材总蓄积量约占世界的五分之一，可以为造纸和纸制品业提供充足的原材料来源。

印度尼西亚各分项指标得分相对平稳，具有良好的产业耦合基础。该国是世界第九大纸浆生产国和第十一大纸品生产国，造纸和纸浆工业在该国经济发展中具有举足轻重的地位。同时作为东南亚最大的经济体和世界人口第四大国，纸制品在该国具有良好的市场需求前景。

此外，越南、捷克和泰国等国家也获得了较高的综合评价得分，属于相对优质的投资目标国。越南具有良好的产业耦合基础和政府信用，产业配套也较为完善，在政治环境、经济环境以及与中国双边关系方面均获得了不错的评价。捷克在各分项指标评价上得分相对均衡，不过因前期与中国双边经贸合作基础薄弱，在与中国双边关系分项指标上评分较低。泰国在产业配套基础、产业耦合基础和政府信用三个维度表现较为出色，该国在政治上总体较为稳定，对华关系友好，具有一定的投资吸引力。

5.7 食品制造业和农副产品加工业合作环境评价结果分析

食品制造业和农副产品加工业属于劳动密集型行业，在产业耦合基

础指标设计中，我们综合考虑劳动力供给和原材料供给因素，用劳动力
供给、劳动力价格和农业资源三个子指标来衡量。在剔除了缺失值和异
常值之后，最终有 48 个"一带一路"国家进入了评价范围，其中亚洲
国家 19 个，中东欧国家 16 个，欧洲发达国家 3 个，大洋洲国家 1 个，
南美国家 6 个，非洲国家 3 个。

5.7.1　合作环境地区差异

利用 2013～2017 年数据综合评价可知，食品制造业和农副产品加
工业投资环境排名前十的国家有印度、新西兰、乌拉圭、拉脱维亚、津
巴布韦、智利、印度尼西亚、爱沙尼亚、波黑和阿联酋。而排在后十位
的则有阿曼、科威特、哈萨克斯坦、希腊、乌克兰、摩尔多瓦、菲律
宾、黎巴嫩、约旦、玻利维亚（见表 5 - 7）。

表 5 - 7　　食品制造业和农副产品加工业合作环境综合评价结果

国家（地区）	得分	排名	国家（地区）	得分	排名
印度	0.401	1	卡塔尔	0.294	19
新西兰	0.395	2	意大利	0.293	20
乌拉圭	0.379	3	波兰	0.290	21
拉脱维亚	0.366	4	南非	0.289	22
津巴布韦	0.361	5	葡萄牙	0.288	23
智利	0.326	6	奥地利	0.287	24
印度尼西亚	0.322	7	斯洛伐克	0.287	25
爱沙尼亚	0.319	8	圭亚那	0.287	26
波黑	0.316	9	巴基斯坦	0.286	27
阿联酋	0.309	10	尼泊尔	0.286	28
新加坡	0.308	11	斯洛文尼亚	0.285	29
泰国	0.308	12	土耳其	0.284	30
吉尔吉斯斯坦	0.304	13	保加利亚	0.283	31
克罗地亚	0.302	14	埃及	0.283	32
俄罗斯	0.300	15	罗马尼亚	0.283	33
厄瓜多尔	0.298	16	巴林	0.282	34
马来西亚	0.298	17	马其顿	0.281	35
立陶宛	0.296	18	秘鲁	0.281	36

续表

国家（地区）	得分	排名	国家（地区）	得分	排名
塞浦路斯	0.280	37	乌克兰	0.272	43
白俄罗斯	0.278	38	摩尔多瓦	0.272	44
阿曼	0.278	39	菲律宾	0.271	45
科威特	0.277	40	黎巴嫩	0.264	46
哈萨克斯坦	0.276	41	约旦	0.262	47
希腊	0.273	42	玻利维亚	0.257	48

从区域分布来看，气候条件好、物产丰富的南亚、大洋洲、南美、中东欧国家排名相对比较靠前。除此之外，有些国家尽管农业条件一般，但是能提供大量优质劳动力或者广阔的市场，也具有一定的投资吸引力，如波黑、阿联酋等（见图5－13）。

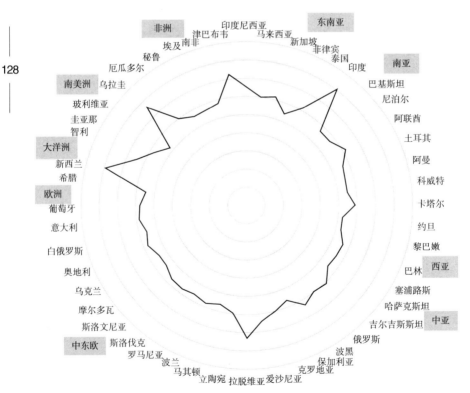

图5－13　食品制造业和农副产品加工业合作环境综合评价结果

5.7.2　合作环境重点国别分析

食品制造业和农副产品加工业合作重点国家分项指标情况如图 5 - 14
所示。

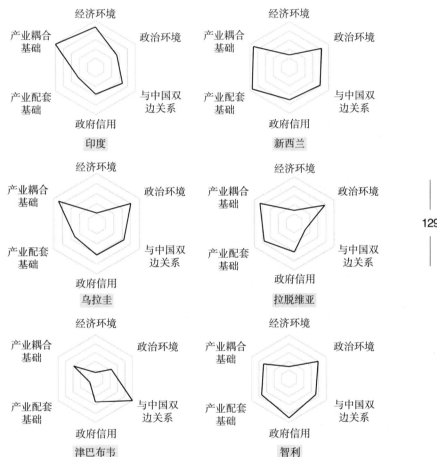

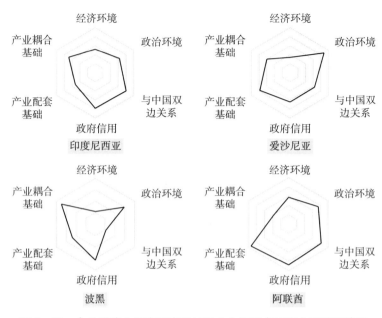

图 5 – 14　食品制造业和农副产品加工业合作重点国家分项指标情况

在排名前十的国家中，印度各项分指标相对均衡，产业耦合基础尤为突出。印度拥有世界 1/10 的可耕地，是世界上最大的产粮国之一，该国人口超过 13 亿，既能提供充足的劳动力，又蕴含着巨大的市场潜力，因而是中国食品制造业和农副产品加工业企业投资的最佳目的国之一。

新西兰在产业配套、产业耦合、政治环境、与中国双边关系等维度表现较为突出。该国基础设施和通信设施发达，政治稳定，法制化程度较高，且与中国经贸往来密切。乳制品业和畜牧业在该国经济中具有举足轻重的地位，行业开放度高，既能为食品制造业和农副产品加工业企业提供充足的原材料，又能提供完善的技术支持。不过因为市场规模相对较小，该国经济维度评分较低。

乌拉圭的投资吸引力主要表现在良好的产业耦合基础、稳定的政治环境等方面。该国林业和渔业资源十分丰富，农牧业在国民经济中占有重要地位，食品制造业和农副产品加工是该国招商引资的重点行业。此外，该国政府信用风险较小，产业配套相对完善，与中国经贸合作较为密切，但是市场空间较小，经济环境分项指标评分不高。

拉脱维亚具有良好的产业耦合基础、政治环境和产业配套基础。该国生态良好，出产大量的浆果、菌类、高品质的乳肉产品，食品制造业和农副产品加工业投资前景广阔。但是该国经济总量较小，与中国前期合作不够密切，因此在经济环境和双边关系分项指标上得分相对较低。

津巴布韦与中国经贸合作较为密切，对中国投资依赖程度较高，在与中国双边关系分项指标中得分较高。农业是该国的支柱产业，约占GDP 的 10%，食品制造业和农副产品加工业是该国重要的制造业部门，加上民众受教育程度相对较高，劳动力成本低，因而该国表现出较好的产业耦合基础。但是该国基础设施不足，经济环境也相对较差。

智利在政府信用、政治环境、产业配套基础、产业耦合基础、与中国双边关系等方面都具有较为明显的优势。该国水果种植业发展强劲，是南半球最大的鲜果出口国，也是世界上重要的新兴葡萄酒产地。印度尼西亚和爱沙尼亚的各分维度指标相对也比较均衡，两国均具有良好的政府信用和产业耦合基础，并且在政治环境和与中国双边关系方面都较为稳定。爱沙尼亚的产业配套基础明显优于印度尼西亚，印度尼西亚则在经济环境、产业耦合度上表现较好。波黑在产业耦合基础、政府信用和政治环境三个分维度指标上表现十分突出，但是经济环境和与中国双边关系评分明显低于其他国家。该国拥有多样化的农业自然条件，食品加工类工业具有一定的传统优势。与波黑不同的是，阿联酋除了产业耦合基础评分较低以外，其他五个维度都得到了较高评价。该国属于热带沙漠气候，农业生产条件相对不足，主要经济作物是椰枣树，海域水产资源较为丰富。不过由于居民收入较高，经济开放度好，具有良好的市场需求前景，适合市场寻求型投资。

除此之外，新加坡、泰国、吉尔吉斯斯坦、克罗地亚和俄罗斯等国综合评分也较高，具有比较好的投资前景。

5.8　本章小结

本章对国际产能合作目标评价的方法进行了选择，并按行业类别不同对投资目标进行综合评价，主要完成了以下工作：

第一，通过比较，选取"熵权 + 层次分析"改进 TOPSIS 综合评价模型作为评价方法，先用熵权法和层次分析法共同确定评价权重，再用 TOPSIS 法进行综合评价，避免了单一方法的缺陷，使评价结果更加有效可靠。

第二，将44个"一带一路"沿线国家纳入医药制造业合作环境评价范围。综合评价结果显示韩国、新加坡、奥地利、新西兰、马来西亚、卢森堡、意大利、阿联酋、俄罗斯和爱沙尼亚等国投资环境较为优越。

第三，将36个"一带一路"沿线国家纳入通用设备制造业合作环境评价范围。通过评价发现韩国、新加坡、马来西亚、意大利、俄罗斯、奥地利、新西兰、斯洛伐克、吉尔吉斯斯坦和印度是比较理想的投资目标国。

第四，将24个"一带一路"沿线国家纳入金属和非金属矿物相关制造业合作环境评价范围。评价结果显示投资环境排名比较靠前的有智利、津巴布韦、吉尔吉斯斯坦、南非、安哥拉、印度等国。

第五，将11个"一带一路"沿线国家纳入石油、煤炭及其他燃料加工业合作环境评价范围。通过综合评价得出，排名前三位的国家为俄罗斯、卡塔尔和科威特，另外马来西亚、阿曼、印度尼西亚和安哥拉等国也具有一定的投资吸引力。

第六，将34个"一带一路"沿线国家纳入造纸和纸制品业合作环境评价范围。综合评价结果显示，韩国评价得分最高，其次依次为圭亚那、马来西亚、巴拿马、新西兰、俄罗斯、印度尼西亚、越南、捷克和泰国。

第七，将48个"一带一路"国家纳入食品制造业和农副产品加工业合作环境评价中。综合评价后发现印度、新西兰、乌拉圭、拉脱维亚、津巴布韦、智利、印度尼西亚、爱沙尼亚、波黑和阿联酋等国家合作条件较好。

需要特别说明的是，本部分评价结果具有一定的参考价值，建议企业与综合评价高的国别进行重点合作。但是并不意味着评分低的国家没有投资价值，现实决策中应结合东道国投资环境变化、企业投资动机、行业特点、企业在该区域前期投资合作情况等因素进行综合考察。

第6章 主要结论和政策建议

6.1 主 要 结 论

改革开放四十多年以来，中国经济发展取得了举世瞩目的成就，与此同时长期依赖要素驱动的粗放型增长方式也造成了制造业产能过剩痼疾。环球金融危机之后，中国政府逐渐把治理产能过剩列为经济工作的重点，先后印发了《关于抑制部分行业产能过剩和重复建设引导产业健康发展的若干意见》《关于化解产能严重过剩矛盾的指导意见》等一系列文件，加大了过剩产能治理力度。然而多年来的治理经验却没有从根本上解决中国制造业产能过剩问题。特别是党的十八大以来中国经济发展逐渐进入了新常态，呈现增长速度从高速向中高速换挡的特征，增速下滑导致经济中的风险因素显性化，再加上金融危机时期刺激经济政策副作用的叠加，中国制造业产能过剩矛盾依旧突出。产能过剩带来企业经营困难、资源配置效率低、政府财政收入下降等弊病，长期制约着中国制造业转型升级和宏观经济的高质量发展，如何平稳有效地化解产能过剩是新常态下中国经济良性发展所面临的重要现实问题。

对于如何治理中国产能过剩，现有研究大多基于国内视角提出治理方案，然而传统的产能总量控制、需求拉动等治理方式不仅见效慢，而且难以从根本上化解产能过剩。产能过剩的治理不能忽视国际市场这一广阔渠道，在中国全面对外开放的新格局下，借助"一带一路"倡议的深入推进，通过对外直接投资的方式与"一带一路"沿线国家开展国际产能合作，既符合世界经济发展的一般规律，又契合中国和沿线国家的需求，为中国产能过剩的治理提供了新思路和新方向。在此背景下，本书聚焦利用国际产能合作化解制造业产能过剩这一研究命题，采用交叉学科移植综合分析方法将国际投资学、产业经济学、计量经济学、种群生态学、经济地理、社会学等学科的前沿理论、方法交叉运用和整合，经过梳理、消化、吸收和分析，形成一个集"背景分析—现状考察—理论界定—实证检验—区位规划—对策建议"于一体的完整体系。旨在分析和识别中国制造业产能过剩现状，检验对外直接投资化解产能过剩的作用机制和实际效果，规划和匹配过剩行业的投资目标区位，并思考如何充分发挥对外直接投资化解产能过剩的作用，为中国积极稳妥地去产能提供新的思路和可行的政策建议。

本书主要得出以下结论：

（1）中国制造业行业产能过剩情况。从估计结果来看，2007～2018年中国制造业的平均产能利用率为77.96%。无论是从整个样本的均值还是随时间的变化趋势上，中国制造业一直存在产能过剩问题。按要素密集度来划分，资本密集型行业年平均产能利用率最低，仅为74.16%，且长期徘徊于79%的标准线以下，产能过剩情况较为突出。从轻重工业划分来看，轻工业的平均产能利用率为79.76%，处于合意区间；而重工业的平均产能利用率为76.43%，存在产能过剩。从制造业分行业来看，共有9个行业存在产能过剩问题：非金属矿物制品业、石油/煤炭及其他燃料加工业、黑色金属冶炼和压延加工业、造纸和纸制品业4个行业为严重过剩；有色金属冶炼和压延加工业、通用设备制造业、食品制造业、农副食品加工业、医药制造业属于一般性过剩。

（2）构建利用国际产能合作化解制造业产能过剩矛盾的理论框架。企业通过对外直接投资化解产能过剩的渠道主要有直接和中介两类渠道。中介渠道包括出口中介效应和技术进步中介效应。

（3）国际产能合作化解制造业产能过剩效果的经验检验。利用倾向得分匹配法为2009～2013年中国制造业对外投资企业找到可供比较的对照组，运用倍差法对基准模型进行了检验，结果表明中国企业通过开展对外直接投资，可以提高产能利用率，缓解产能过剩，并且这一结论通过了稳健性检验。不过企业对外直接投资对产能利用率的影响存在一定的滞后性，且影响大小随时间推移呈倒"U"型。

通过异质性检验发现：①通过对外直接投资，过剩行业产能利用率水平得到了明显提高，而非过剩行业的产能利用率提高效果不显著；

②通过对外直接投资，资本密集型和技术密集型企业都能获得产能利用率的提高，而劳动密集型企业产能过剩情况没有得到明显的缓解；③通过对东部和中西部企业样本进行检验，发现两类地区的企业通过对外直接投资都获得产能利用率的提升，东部企业提升效果不如中西部；④对于投资于不同经济发展水平国家的企业来说，产能利用率均有显著提升，投资于高收入国家的企业产能利用率水平得到了更大程度的提高；⑤对于不同投资动机的企业，商贸服务、当地生产和技术研发型对外直接投资均对产能利用率的提高产生了显著的正向影响；⑥从投资频率来看，企业通过对外直接投资对产能利用率的影响先随着投资频率的增加而增大，但是在投资3次或者更多次数之后反而会随着投资频率的增加而下降。

通过机制检验发现，出口和技术进步在企业对外直接投资促进产能利用率提高的过程中都起到了部分中介作用，同时证明了直接渠道的存在。

（4）构建了中国产能过剩行业国际产能合作目标评价指标体系。提出国际产能合作是一种典型的共生关系，并对国际产能共生关系的共生单元、共生模式和共生环境三大要素进行界定。以共生理论为指导，从共生单元耦合性、共生模式稳定性、共生环境友好性三个维度构建了中国产能过剩制造业合作目标评价指标体系。

（5）对中国产能过剩制造业合作目标进行综合评价。采用"熵权+层次分析"改进TOPSIS综合评价模型，选取"一带一路"沿线国家为评价对象，把产能过剩的9个制造业行业分六组，按组别进行独立的投资环境综合评价。综合评价结果显示，医药制造业投资环境较好的国家有韩国、新加坡、奥地利、新西兰、马来西亚、卢森堡、意大利、阿联酋、俄罗斯和爱沙尼亚等；通用设备制造业比较理想的投资目标有韩国、新加坡、马来西亚、意大利、俄罗斯、奥地利、新西兰、斯洛伐克、吉尔吉斯斯坦和印度等；金属和非金属矿物相关制造业投资环境排名比较靠前的有智利、津巴布韦、吉尔吉斯斯坦、南非、安哥拉、印度等；石油、煤炭及其他燃料加工业投资环境综合评分较高的有俄罗斯、卡塔尔、科威特、马来西亚、阿曼、印度尼西亚和安哥拉等；造纸和纸制品业投资环境适宜的国家有韩国、圭亚那、马来西亚、巴拿马、新西兰、俄罗斯、印度尼西亚、越南、捷克和泰国等；食品制造业和农副产品加工业合作条件较好的国家有印度、新西兰、乌拉圭、拉脱维亚、津巴布韦、智利、印度尼西亚、爱沙尼亚、波黑和阿联酋等。

6.2 政 策 建 议

国际产能合作既符合世界经济发展的一般规律，又契合中国产能过剩治理和沿线国家工业化建设的需求。"一带一路"倡议的提出为中国与沿线国家进行国际产能合作提供了良好的机遇和广阔的平台。面对逆全球化浪潮的掀起，世界经济政治局势中不确定因素逐渐增加，全球系统性风险不断上升，如何更安全合理地进行国际产能合作、高效化解产能过剩是非常值得深思的。在新的时代背景下，我们需要依靠科学的指导思想，明确新的投资思路以适应千变万化的国际投资环境，这对于推动中国与产能合作国的合作共赢，促进双边经贸关系良好持续发展具有重要意义。本部分遵循"指导思想—顶层设计—协调和支撑—微观实施"的架构，提出中国利用国际产能合作化解制造业产能过剩矛盾的投资策略和建议。

6.2.1 以共生理论为指导思想，保障国际产能合作持续平稳开展

共生是自然界和人类社会普遍的自组织现象，合作是共生现象的本质特征，互惠共生是共生系统进化的基本方向和法则。国际产能合作的前提是合作国产业链上的互补和耦合，不同国家利用各自在技术、资本、资源等方面的优势开展合作，本质是实现互利共赢、共同发展，是一种典型的共生关系。当今，人类进入多极共存时代，国际经贸领域的逆全球化、经济"脱钩"等不平衡因素不断增加，在国际产能合作中只有遵循"共生"原理，本着经济合作、主权平衡、互惠互利的原则，才能实现双方由共同生存到共同发展。中国政府在国际产能合作中所倡导的"合作共赢"和"包容性"就是共生理论的具体体现。更加深入地挖掘共生理论内涵，以共生思想指导国际产能合作，能帮助政府和企业更好地分析和应对复杂多变的世界政治经济形势，保障国际产能合作

的平稳开展和过剩产能的高效化解。

1. 以共生思想为指导，认清国际产能合作共生系统的复杂性和开放性

国际产能合作是集资本、技术、设备、经营管理等要素转移为一体的，受国际政治、经济、法律环境的影响和制约，同时需要合作双方进行投资和贸易等政策的协调，需要两个或多个国家相关部门、企业等之间的业务对接，是一项复杂的系统工程。同时，国际产能合作是跨区域、跨国别、跨文明的开放式国际经济合作形式，是一项各国都可以参与、各方共同打造的全球公共产品，因而"开放性"是其一项根本属性。参与国际产能合作的企业主体或政府部门要清楚地认识国际产能合作的属性和特征，才能客观冷静地面对合作伙伴，灵活地应对合作环境的变化，使产能的转移和化解达到最佳效果。

2. 以共生思想为指导，明确国际产能合作未来发展趋势和方向

根据共生理论，共生系统将沿着两个方向进化：一个方向是组织模式上向一体化共生进化，表现为组织化程度的不断提高；另一方向是行为模式上向对称互惠共生进化，表现为共生利益分配对称性的提高。国际产能合作共生关系的演变也遵循这一规律，组织化程度不断提高的对称互惠共生将是其未来的发展方向，共生模式的进化可以提高各种资源在市场上的配置效率，使经营主体产生更多的经济效益，产能过剩的情况也将得到更加有效缓解。认识到这一客观规律，中国政府和企业应该致力于与合作国建立互利共赢的长效合作机制，并树立"利益共同体"和"命运共同体"意识，与合作国形成良性的互动循环关系。

3. 以共生思想为指导，建立合理的共生利益分配机制

国际产能合作共生过程中投入与产出的分配对共生关系的稳定和发展具有决定性作用。非对称的利益分配将影响共生关系的稳定性，甚至导致有一方国家退出合作，国际产能合作难以持续。国际产能合作长期发展的趋势是对称互惠共生，但是进化的过程中面临各种不确定因素，要想实现互利共赢，首先中国应该秉持有取有予、义利结合的原则。作为参与主体的中国企业应该积极主动地承担社会责任，一要积极履行相应的税收责任，把依法纳税作为履行社会责任、回馈当地社会的最基本

要求；二要处理好企业与合作国员工、工会团体等的利益关系，为当地培养专业人才，创造就业机会；三要关注当地的环保问题，遵守环保法律法规，履行环保社会责任，实现企业盈利和环保的"双赢"。

4. 以共生思想为指导，优化国际产能合作舆论环境

国际舆论环境是国际产能合作共生关系中的一项外部条件，正向舆论环境对国际产能合作起到激励和积极作用，反向舆论环境起到抑制和消极作用。中国政府和企业要努力营造产能合作的正向环境，消除反向环境的不利影响，具体做法可以包括：①积极开展对外交往，创造一个客观友善的国际舆论环境。中国提出"一带一路"倡议以来，西方某些特定群体大肆宣扬中国正在向世界输出"落后产能"的论调，试图对中国的产能合作进行曲解和抹黑。为此我们既要保证产能输出质量，带动发展中国家共同发展，同时要和合作对象国加强交流与沟通，积极承担相应的国际社会责任，树立良好的国际形象。②增强经济和科技实力，不断提高综合国力和国际竞争力，争取更多国际规则制定和修改的话语权，为中国的产能合作提供依靠和支持。

6.2.2 加强顶层规划和设计，有序引导不同产业向外转移

1. 明确投资合作领域，鼓励过剩产能"走出去"

要明确中国参与国际产能合作的重点领域和重大项目安排，优先鼓励过剩产能"走出去"。2013 年和 2015 年，国务院先后印发了《关于化解产能严重过剩矛盾的指导意见》和《关于推进国际产能和装备制造合作的指导意见》，鼓励钢铁、水泥、电解铝、平板玻璃、船舶以及装备制造业积极参与国际产能合作，为相关领域提供了方向性指引。不过，产能利用率是个动态变化的过程，根据本书的测度，目前中国制造业有 9 个行业存在产能过剩现象，其中非金属矿物制品业、石油/煤炭及其他燃料加工业、黑色金属冶炼和压延加工业、造纸和纸制品业 4 个行业为严重过剩，有色金属冶炼和压延加工业、通用设备制造业、食品制造业、农副食品加工业、医药制造业 5 个行业为一般性过剩。因而建议政府结合中国当前产能过剩的新形势，适时动态地修订相关指导性文

件，明确当前阶段合作的重点方向，指导企业有重点、有目标、有组织地开展国际产能合作。同时建议中国顺应对外直接投资迅速发展的趋势，加大对外直接投资的支持力度和范围，激发企业的主观能动性，鼓励制造业企业走出国门。

2. 规划国际产能合作布局，引导过剩企业去合作条件好的目标国投资

在投资过程中，政府要对投资项目进行合理地引导，避免项目过度集中在少数国家，防止盲目投资和恶性竞争。对于前期投资项目较少的国家，可以从重点项目入手，并逐渐带动同行业或上下游行业"走出去"；对于前期投资项目较少的地区，基于地缘政治等因素的考虑，可以以关键性节点国家为突破口，并以点带线、以线带面，形成所在区域的合理布局。

政府可以按分行业规划海外投资布局，合理有序引导企业到投资环境好、投资风险低、产业契合度高的国家投资。根据本书的研究，建议鼓励技术密集型行业去科技相对比较发达的东亚、东南亚、欧洲等地区投资；资本密集型优先去投资环境稳定、工业化水平相对落后，资源、能源丰富的南美、非洲、东欧、西亚、中亚、东南亚等地投资；劳动密集型的食品制造业和农副产品加工等行业，投资的重点应该放在劳动力资源充裕、农业资源丰富的南亚、大洋洲、南美和非洲的部分国家。

另外，对于要素禀赋条件好，但是基础设施落后的投资目标国，可以采取"基建先行"的投资原则。"一带一路"沿线相当一部分国家都处在工业化、城镇化的进程当中，由于工业体系不完善，水泥、钢铁、玻璃等基础材料以及电力等动力能源供应短缺，在交通运输、工业、能源、公共事业和供水系统、住房、社会事业等基础设施建设方面较为薄弱。根据本书第5章的综合评价结果，津巴布韦、安哥拉、吉尔吉斯斯坦、圭亚那属于这类国家中的典型代表。对于这类基础设施落后的国家，中国应该先鼓励基建企业去当地进行工程承包，帮助当地进行基础设施建设，等条件成熟之后，再鼓励更多的制造业企业去当地投资。

6.2.3 加强区域经济一体化建设，建立高效协调机制

1. 选择合作条件成熟的国家，适时建立以产能合作为核心的一体化组织

建立以国际产能合作为工作重心的一体化组织，也就是采取一体化共生模式，可以减少政策调整方向的不一致性，最大限度地减少商品和生产要素在市场上的流通阻力，提高企业经营效益，促进企业快速转型升级和化解过剩产能。"一带一路"沿线共有 144 个国家或地区，人口规模庞大，蕴含巨大市场潜力，大多数国家工业化水平与中国存在梯度差距，具有消化中国富余优质产能的良好条件，合作前景十分广阔。为了形成互利共赢的长效机制，中国可以适时选择合作基础好、合作意愿强烈、合作环境稳定的国家，确立长远的区域经济合作目标，并逐步建立以产能合作为核心的地区经济一体化组织。

一体化模式是国际产能合作的高级形式，合作关系将更为稳定，市场一体化程度大大提高。对于中国企业来说，则意味着投资过程中不确定因素降低，资源配置效率和投资效益大幅提高。国际产能合作对中国经济结构转型升级和产能过剩治理具有重大意义，在构建地区一体化进程中，中国要发挥大国应有的启动性和主导性作用，适时发出倡议，加快推动双边或多边一体化组织建设。鉴于目前跟大部分国家一体化建设的条件尚不完全成熟，可以在条件成熟区域寻找突破口，例如，选取与中国合作最早、合作基础较好的哈萨克斯坦，在中哈霍尔果斯国际边境合作中心周边地区率先建立产能合作的先行区，以点带面，以渐进的方式推进中哈产能合作一体化组织的建设。

2. 厘清层次关系，建立全方位的双边和多边协调机制

加强与合作国之间的政策交流与协调，特别是与合作国投资、贸易等经济政策的协调，以及两国或多国相关部门、企业之间业务的协调等。协调机制的建立可以保证合作的顺利进行，提高产能过剩化解效率。中国应该加强与合作国的交流，积极构建多层次政府间政策沟通机制，协商解决产能合作中遇到的问题，共同制定推进产能合作的规划和

措施，充分利用现有平台，搭建新的交流平台：

第一，积极签署双边和多边产能合作协议，与重点国家深度合作，积极参与和引领区域合作机制的发展。积极推动双边投资协定（BIT）的签订，降低中国对外投资的门槛和风险，为投资企业争取更多优惠的投资待遇和税收安排。目前，中国与"一带一路"沿线的尼泊尔、拉脱维亚、巴拿马、坦桑尼亚、约旦、波黑和肯尼亚等国还没有签署BIT，应尽快弥补这些空白，为企业开展产能合作保驾护航。

第二，充分利用已有的多边协调机制，如世贸组织、G20、中非合作论坛、中国东盟自贸区、上海合作组织、亚洲基础设施投资银行等框架内的沟通与协调机制，推动产能合作取得更多成果。

第三，发挥与合作国首脑定期会晤等经济外交机制的作用，落实好双方或多方领导人达成的共识，努力打造与合作国相关部门之间互通信息、联合办理业务的平台，扩大合作领域。

6.2.4 强化支撑政策体系，为过剩产能"走出去"提供有力保障

141

1. 完善金融支持体系，助推优质富余产能"走出去"

目前，中国已经主导成立了亚投行、金砖国家开发银行、丝路基金等金融支持机构，结合已有的国家开发银行、中国进出口银行、中信保等政策性金融机构，已经初步形成了相互配合、协调发展的金融支持体系。然而针对过剩产能"走出去"的金融支持力度仍然存在不足，建议从以下方面进行改进：

第一，实施差异化的国际产能信贷支持。目前，中国金融监管部门对于过剩产能行业的企业信贷实行严格管控，压缩对产能过剩行业贷款，这些要求在一定程度上也限制了产能过剩企业"走出去"。建议对信贷政策实施差异化管理，对于产能过剩较为严重且国际产能合作前景好的优势行业，应当多给予信贷上的优惠和支持，鼓励企业"走出去"。

第二，推进金融创新，拓宽产能合作融资渠道。除了满足企业的信贷资金需求以外，便利的融资渠道也很重要，这就要求金融机构在服务、金融工具和制度等方面实施创新。在金融服务上，各金融机构可以

建立联动机制，为国际产能合作企业提供高效的绿色通道。在金融工具上，可推进期权和期货交易的应用，设计更为合理的金融避险工具，并推出更为便捷的债券融资工具和跨境担保方式。在金融制度设计上，针对沿线大多数国家金融市场发育程度低、中国在当地金融分支机构设置不完善的问题，可结合当地政治风险、文化风俗等因素进行国际产能合作方面的金融制度安排，并加强中国金融机构海外分支机构的设置，解决中国企业融资难的问题。

第三，加强国际金融合作，建立完善的国际产能合作金融体系。"一带一路"沿线国家大多为发展中国家，金融体系相对不完善，与中国的双边金融合作还处在起步阶段，合作范围和规模都比较小。同时这些国家金融市场的发达程度和金融资源的调动能力也比较弱，与中国在金融发展上不一致不匹配，对国际产能合作的进一步开展起到了一定的限制和阻碍。因此，中国可以依靠自身较成熟的金融体系与沿线国家加强金融合作，通过合作共赢的方式协助其完善金融基础设施、提高金融服务水平，并逐步打造成熟的离岸金融市场。在此基础上，构建较为系统化的国际产能合作金融体系，在跨境融资担保制度、金融监管制度等方面加强合作，签订双边或多边货币互换协议，实现金融制度的协调和协同发展。

2. 进一步加强财政政策支持力度，为参与产能合作的企业提供税收优惠

目前国内大部分省份已经设立了财政专项资金用于支持向外转移的优质过剩产能。建议进一步加大专项资金支持力度和范围，可以每年确定若干个富余优质产能转移重点项目，安排财政专项资金给予倾斜支持。此外，还可以通过补贴和税收优惠的形式，鼓励企业"走出去"：一是对企业从国外引进先进技术等进行贷款贴息、提供补贴或税收优惠；二是对企业购买的投资信用保险按保费额度给予一定的补贴；三是对企业在国内购买用于海外建厂的大型成套机器设备给予补贴和税收优惠；四是对于企业连同生产线一起转移的二手机械设备提供免税或者减税，避免二手设备转移或销售过程中的重复纳税问题。

6.2.5　增强企业竞争力，提高企业对外投资能力

1. 做好充分的市场准备，制定合理的投资战略

企业在进行国际产能合作之前，应做好充分的市场准备，以保证投资的正常运营和获利，以及更加高效地化解产能过剩。

第一，企业在实施对外投资之前，需要对目标市场进行充分的调研，全面了解目标市场的基本情况，相关产业发展现状和趋势，以及可能在投资过程中面临的各种风险因素。积极与中国驻外外交机构和商会取得联系，以获得更多的投资信息，并通过这一中介渠道与目标国建立更通畅的信息沟通平台。

第二，企业应该充分了解中国与投资目标国已经建立起的政策协调渠道。例如，是否与中国签订有 BIT 投资协定、是否同属于某个一体化组织等。企业还应该了解中国国内对相关过剩行业海外投资的限制和支持性政策，包括金融信贷政策、财政税收政策等，以便后续获得相应的融资支持和政策补贴。

第三，结合目标国要素禀赋状况、市场特征、行业特点、投资目的和企业自身财务状况等方面，制定合理的投资战略。投资战略包括很多方面，例如，选择独资经营还是合资经营，与当地企业合资经营可以帮助企业更快地获取市场渠道，但是会减少对新投资企业的控制权，增加企业间文化融合风险；是否与其他企业组成战略联盟共同进入目标市场，战略联盟可能意味着让渡部分生产经营权益，但是会带来更多元化和国际化的融资结构，从一定程度上降低了企业资金链断裂的风险；按投资动机、生产性质等的不同，选择设立商贸服务分支机构、当地建厂生产抑或是建立研发中心，将直接影响到企业的经营效益和过剩产能化解效果，因而要慎重选择。

2. 建立长效风险防控机制，降低海外投资风险

"一带一路"沿线国家大多是发展中国家，投资环境千差万别，到不同国家投资面临的风险也存在巨大差异。产能过剩企业可以结合自身行业特点，参照本书第 5 章合作环境评价结果，优先到与中国经济政治

143

双边关系良好、社会政局较为稳定、要素禀赋充裕、基础设施相对完善的国家开展工作。同时，投资企业应增强法律意识，充分了解东道国有关经营和投资方面的法律，严格遵守相关法律规定，以保障企业海外资产得到合法的保护。遇到不公平待遇时，应向东道国法律机构、国际仲裁法院等寻求法律保护。在投资开展之前和投资过程中，应该对各种风险因素进行识别，搜集东道国政局稳定性、文化习俗、自然环境等各方面资料，按照"风险最小、效益最大"的原则进行投资。

3. 积极引进国外先进技术，进行高效吸收和转化

通过第 3 章的中介效应检验可以看出，技术进步是企业化解产能过剩的重要渠道。特别对于技术获取型投资来说，要努力学习国外先进技术，并进行有效吸收和转化：一方面，企业要积极嵌入目标国的创新网络体系，认真学习并吸收当地先进技术，并借助一系列的扩散效应、演示—模仿效应、产业关联效应、人员培训效应实现本企业技术进步和升级；另一方面，企业要加大自身研发力度，通过增加技术人才引进和建立开放的学习机制，提高先进技术的消化和吸收能力，缩小与技术领先企业的差距，努力向全球价值链的高端攀升，从根本上化解过剩产能。

4. 提高企业出口能力，缓解产能过剩压力

第 3 章的中介效应检验表明，出口也是促进企业产能利用率提高的重要渠道。因此，产能过剩企业的母公司和海外机构都应当积极扩大出口，加快去库存和去产能的步伐。一方面，政府可以对企业出口加大支持力度，例如：为企业搭建产品展示平台和渠道，加大信贷支持，不断提高海关和商务部门的服务便利化程度等。另一方面，企业要不断优化产品质量，增加产品的多样性，加强具有自主知识产权产品的开发和研制，主动与跨国零售集团接触，扩大产品出口；积极利用现代信息化技术和手段，搭建跨境经营渠道，或利用已有的跨境电商平台，获得更多的展示和贸易机会，提高销售效率和销售收益。

参 考 文 献

［1］安同信、张恒旭、刘祥霞：《利用 OFDI 推进中国产业结构优化升级研究——基于日本经验的借鉴》，载于《济南大学学报（社会科学版）》2019 年第 6 期。

［2］北京大学"一带一路"五通指数研究课题组：《"一带一路"沿线国家五通指数报告》，经济日报出版社 2016 年版。

［3］毕瑞丹：《"一带一路"下中苏产能合作的机遇与挑战》，载于《宏观经济管理》2020 年第 4 期。

［4］边永民、彭宾：《湄公河流域国家环境影响评价法对中国投资的影响》，载于《云南师范大学学报（哲学社会科学版）》2016 年第 48 卷第 6 期。

［5］曹建海：《中国产业升级之路或将经历阵痛》，载于《金融发展评论》2010 年第 7 期。

［6］曹秋菊：《对外直接投资与产能过剩化解》，载于《求索》2016 年第 6 期。

［7］曹献飞、裴平：《企业 OFDI 能促进中国经济高质量发展吗？——基于产能治理视角的实证研究》，载于《中央财经大学学报》2019 年第 11 期。

［8］陈国生、张亨溢、赵立平、魏晓博、罗娇霞：《比较优势和竞争优势对地区制造业转移的影响》，载于《经济地理》2018 年第 38 卷第 9 期。

［9］陈俊龙、李良哲、朱婧：《政府行为与产能过剩的形成、治理分析——基于 2006—2016 年工业行业面板数据的实证研究》，载于《东北大学学报（社会科学版）》2019 年第 21 卷第 4 期。

［10］陈诗一：《中国工业分行业统计数据估算：1980—2008》，载于《经济学（季刊）》2011 年第 10 卷第 3 期。

　　[11] 陈伟光、郭晴：《中国对"一带一路"沿线国家投资的潜力估计与区位选择》，载于《宏观经济研究》2016 年第 9 期。

　　[12] 陈文成：《基于三维评价的区域不平衡发展研究——以福建省外商投资环境为例》，载于《数学的实践与认识》2009 年第 39 卷第 11 期。

　　[13] 陈岩、翟瑞瑞：《对外投资、转移产能过剩与结构升级》，载于《广东社会科学》2015 年第 1 卷。

　　[14] 陈祖华、何兆钰：《"一带一路"沿线省域绿色投资效率评价研究》，载于《南京审计大学学报》2020 年第 17 卷第 1 期。

　　[15] 程俊杰：《产能过剩的研究进展：一个综述视角》，载于《产业经济评论》2017 年第 3 期。

　　[16] 程俊杰：《转型时期中国产能过剩测度及成因的地区差异》，载于《经济学家》2015 年第 3 卷第 3 期。

　　[17] 程俊杰：《转型时期中国地区产能过剩测度——基于协整法和随机前沿生产函数法的比较分析》，载于《经济理论与经济管理》2015 年第 4 期。

　　[18] 崔永梅、王孟卓：《基于 SCP 理论兼并重组治理产能过剩问题研究——来自工业行业面板数据实证研究》，载于《经济问题》2016 年第 10 期。

　　[19] 戴觅、余淼杰：《企业出口前研发投入、出口及生产率进步——来自中国制造业企业的证据》，载于《经济学（季刊）》2012 年第 1 期。

　　[20] 邓峤：《钢铁企业矿石资源海外投资风险综合评价模型》，载于《金属矿山》2012 年第 3 期。

　　[21] 董敏杰、梁泳梅、张其仔：《中国工业产能利用率：行业比较、地区差距及影响因素》，载于《经济研究》2015 年第 50 卷第 1 期。

　　[22] 董小君：《中国下阶段产业转移的道路选择——基于产能国际转移日美两种模式的创新探索》，载于《人民论坛·学术前沿》2013 年第 24 期。

　　[23] 窦彬、汤国生：《钢铁行业投资过度、产能过剩原因及对策》，经济科学出版社 2009 年版。

　　[24] 窦如婷、申敏、汪天凯：《动态视角下国际投资的宏观环境综合评价——基于改进的 CRITIC 赋权和 TOPSIS 法》，载于《工业技术

经济》2018 年第 37 卷第 8 期。

[25] 杜龙政、林润辉：《对外直接投资、逆向技术溢出与省域创新能力——基于中国省际面板数据的门槛回归分析》，载于《中国软科学》2018 年第 1 期。

[26] 杜威剑、李梦洁：《对外直接投资会提高企业出口产品质量吗——基于倾向得分匹配的变权估计》，载于《国际贸易问题》2015 年第 8 期。

[27] 方杰、温忠麟、张敏强、任皓：《基于结构方程模型的多层中介效应分析》，载于《心理科学进展》2014 年第 22 卷第 3 期。

[28] 方杰、张敏强、顾红磊、梁东梅：《基于不对称区间估计的有调节的中介模型检验》，载于《心理科学进展》2014 年第 22 卷第 10 期。

[29] 方尹、陈俊华、代欢欢：《"一带一路"背景下海湾国家投资环境综合评价》，载于《世界地理研究》2018 年第 27 卷第 2 期。

[30] 冯俏彬、贾康：《"政府价格信号"分析：中国体制性产能过剩的形成机理及其化解之道》，载于《财政研究》2014 年第 4 期。

[31] 冯俏彬、贾康：《投资决策、价格信号与制度供给：观察体制性产能过剩》，载于《改革》2014 年第 1 期。

[32] 付启敏、刘伟：《不确定性条件下产能过剩的纵向一体化模型》，载于《系统管理学报》2011 年第 2 期。

[33] 干春晖、郑若谷：《中国工业生产绩效：1998—2007——基于细分行业的推广随机前沿生产函数的分析》，载于《财经研究》2009 年第 35 卷第 6 期。

[34] 干春晖、邹俊、王健：《地方官员任期、企业资源获取与产能过剩》，载于《中国工业经济》2015 年第 3 期。

[35] 高鹏飞：《中国 OFDI 动因演变、多元特征与潜在挑战》，载于《国际贸易》2019 年第 10 期。

[36] 高长春：《评小岛清对外直接投资理论》，载于《现代日本经济》1997 年第 3 期。

[37] 耿强、江飞涛、傅坦：《政策性补贴、产能过剩与中国的经济波动——引入产能利用率 RBC 模型的实证检验》，载于《中国工业经济》2011 年第 5 期。

[38] 巩雪：《中东欧投资环境评估及建议》，载于《国际经济合

作》2016 年第 5 期。

[39] 郭朝先、刘芳、皮思明：《"一带一路"倡议与中国国际产能合作》，载于《国际展望》2016 年第 8 卷第 3 期。

[40] 郭建民、郑懑：《开展国际产能合作评价指标体系及实证研究》，载于《宏观经济研究》2019 年第 9 期。

[41] 郭庆旺、贾俊雪：《中国潜在产出与产出缺口的估算》，载于《经济研究》2004 年第 5 期。

[42] 郭显龙、陈慧：《"一带一路"下中国与澜湄五国国际产能合作研究》，载于《宏观经济管理》2019 年第 11 期。

[43] 国务院发展研究中心《进一步化解产能过剩的政策研究》课题组、赵昌文、许召元、袁东、廖博：《当前中国产能过剩的特征、风险及对策研究——基于实地调研及微观数据的分析》，载于《管理世界》2015 年第 4 期。

[44] 韩国高、高铁梅、王立国、齐鹰飞、王晓姝：《中国制造业产能过剩的测度、波动及成因研究》，载于《经济研究》2011 年第 46 卷第 12 期。

[45] 韩国高、王立国：《中国工业投资、产能过剩与通胀通缩转换分析》，载于《数学的实践与认识》2014 年第 44 卷第 21 期。

[46] 韩国高：《行业市场结构与产能过剩研究——基于中国钢铁行业的分析》，载于《东北财经大学学报》2013 年第 4 期。

[47] 韩国高：《中国当前产能过剩的发展形势及对策选择》，载于《科技促进发展》2013 年第 6 期。

[48] 韩金红、潘莹：《"一带一路"沿线城市投资环境评价》，载于《统计与决策》2018 年第 34 卷第 20 期。

[49] 韩权、江东、付晶莹、林刚：《"一带一路"沿线撒哈拉以南非洲地区能矿资源投资风险指数研究》，载于《科技导报》2018 年第 36 卷第 3 期。

[50] 何维达、潘峥嵘：《产能过剩的困境摆脱：解析中国钢铁行业》，载于《广东社会科学》2015 年第 1 期。

[51] 何维达、邱麟惠：《中国钢铁产业如何破解产能过剩？——基于供给侧和治理机制的思考》，载于《江西理工大学学报》2019 年第 40 卷第 6 期。

［52］贺京同、何蕾：《产能利用率测度方法的比较研究》，载于《现代管理科学》2016年第4期。

［53］贺京同、何蕾：《国有企业扩张、信贷扭曲与产能过剩——基于行业面板数据的实证研究》，载于《当代经济科学》2016年第38卷第1期。

［54］洪占卿、郭峰：《国际贸易水平、省际贸易潜力和经济波动》，载于《世界经济》2012年第35卷第10期。

［55］胡必亮：《"一带一路"五周年：实践与思考》，载于《中国科学院院刊》2018年第33卷第9期。

［56］胡冰、王晓芳：《投资导向、东道国金融生态与中国对外投资效率——基于对"一带一路"沿线国家的研究》，载于《经济社会体制比较》2019年第1期。

［57］胡荣涛：《产能过剩形成原因与化解的供给侧因素分析》，载于《现代经济探讨》2016年第2期。

［58］胡荣涛：《中国产能过剩的实质与供给侧结构性改革》，载于《学习论坛》2016年第32卷第9期。

［59］胡晓鹏：《产业共生：理论界定及其内在机理》，载于《中国工业经济》2008年第9期。

［60］华坚、张瑶瑶：《湄公河五国对接中国产业转移能力的时空分异》，载于《经济地理》2019年第39卷第5期。

［61］黄德春、孟敏、张长征、竺运：《中国对湄公河流域国家OFDI的出口效应研究——基于东道国投资环境的影响》，载于《广西社会科学》2019年第1期。

［62］黄梅波、吕朝凤：《东南亚国家产出波动的同周期性研究——基于1980—2008年数据的分析》，载于《东南亚纵横》2010年第10期。

［63］黄梅波、吕朝凤：《中国潜在产出的估计与"自然率假说"的检验》，载于《数量经济技术经济研究》2010年第27卷第7期。

［64］黄小勇：《区域经济共生发展的界定与解构》，载于《华东经济管理》2014年第1期。

［65］江飞涛：《正确认识产能过剩问题》，载于《中国经贸导刊》2010年第20期。

［66］江源：《钢铁等行业产能利用评价》，载于《统计研究》2006

年第 12 期。

[67] 蒋殿春：《小岛清对外直接投资理论述评》，载于《南开经济研究》1995 年第 2 期。

[68] 蒋冠宏、蒋殿春：《中国工业企业对外直接投资与企业生产率进步》，载于《世界经济》2014 年第 37 卷第 9 期。

[69] 鞠蕾、王璐：《地方政府不当竞争、要素市场扭曲与产能过剩》，载于《财经问题研究》2018 年第 8 期。

[70] 鞠姗：《出口增长能缓解工业行业的产能过剩吗？——基于山东省 2003—2014 年数据的考察》，载于《山东财经大学学报》2017 年第 29 卷第 4 期。

[71] 雷涯邻、徐向阳、潘锡辉：《中国稀缺矿产资源对外投资战略选区的思考》，载于《中国国土资源经济》2004 年第 6 期。

[72] 冷志明、张合平：《基于共生理论的区域经济合作机理》，载于《经济纵横》2007 年第 7 期。

[73] 李梅、柳士昌：《对外直接投资逆向技术溢出的地区差异和门槛效应——基于中国省际面板数据的门槛回归分析》，载于《管理世界》2012 年第 1 期。

[74] 李士梅、尹希文：《创新模式、城镇化与工业企业产能过剩治理研究》，载于《求是学刊》2017 年第 44 卷第 4 期。

[75] 李晓：《产业转型升级中落后产能淘汰问题研究》，载于《江西社会科学》2012 年第 32 卷第 5 期。

[76] 李晓华：《能力建设导向的包容性国际产能合作》，载于《经济与管理研究》2019 年第 40 卷第 5 期。

[77] 李雪松、赵宸宇、聂菁：《对外投资与企业异质性产能利用率》，载于《世界经济》2017 年第 40 卷第 5 期。

[78] 李优树、李蕾、罗运兰：《中国对"一带一路"沿线国家油气投资的区位选择研究——基于投资环境与投资绩效的角度》，载于《经济问题》2019 年第 7 期。

[79] 李优树、马滢涵、李福平：《金融生态环境建设对深度融入"一带一路"倡议的影响——以四川省经验数据为例》，载于《经济问题》2018 年第 12 期。

[80] 李宇、郑吉、金雪婷、王喆、李泽红、赵敏燕、黄永斌、董

锁成：《"一带一路"投资环境综合评估及对策》，载于《中国科学院院刊》2016年第31卷第6期。

［81］李泽东、曹振、张如明、李亦然、程甜甜、张永涛：《熵权—TOPSIS法在华北石质山区常用造林树种抗旱性评价中的应用》，载于《山东大学学报（理学版）》2020年第55卷第1期。

［82］李正旺、周靖：《产能过剩的形成与化解：自财税政策观察》，载于《改革》2014年第5期。

［83］梁东黎：《转轨期企业落后产能的淘汰机制研究》，载于《江海学刊》2008年第5期。

［84］梁泳梅、董敏杰、张其仔：《产能利用率测算方法：一个文献综述》，载于《经济管理》2014年第36卷第11期。

［85］林龙圳、李达、林震：《基于熵权—TOPSIS模型的库布齐沙漠地区水资源承载力评价》，载于《华中师范大学学报（自然科学版）》2020年第6期。

［86］林毅夫、巫和懋、邢亦青：《"潮涌现象"与产能过剩的形成机制》，载于《经济研究》2010年第45卷第10期。

［87］林毅夫：《潮涌现象与发展中国家宏观经济理论的重新构建》，载于《经济研究》2007年第1期。

［88］刘斐、李顺国、夏显力：《中国谷子产业竞争力综合评价研究》，载于《农业经济问题》2019年第11期。

［89］刘航、孙早：《城镇化动因扭曲与制造业产能过剩——基于2001—2012年中国省级面板数据的经验分析》，载于《中国工业经济》2014年第11期。

［90］刘航、孙早：《要素扩张、行业特征与产能过剩——对技术进步与要素配置调节效应的检验》，载于《当代经济科学》2017年第39卷第4期。

［91］刘辉军、白福臣、汤海霞、汪维清：《负面清单制度嵌入与国际产能合作路径——以广东南沙自贸区为例》，载于《资源开发与市场》2018年第34卷第6期。

［92］刘建江、罗双成、凌四立：《化解产能过剩的国际经验及启示》，载于《经济纵横》2015年第6期。

［93］刘建勇、江秋丽：《海外并购、技术创新与企业产能过剩》，

载于《会计之友》2019 年第 12 期。

[94] 刘军：《产能过剩与企业出口自我选择——基于"产能—出口"假说的研究》，载于《产业经济研究》2016 年第 5 期。

[95] 刘磊、步晓宁、张猛：《全球价值链地位提升与制造业产能过剩治理》，载于《经济评论》2018 年第 4 期。

[96] 刘磊、刘晓宁、张猛：《中国对"一带一路"国家直接投资与产能过剩治理——基于中国省际面板数据的实证研究》，载于《经济问题探索》2018 年第 5 期。

[97] 刘敏、赵璟、薛伟贤：《"一带一路"产能合作与发展中国家全球价值链地位提升》，载于《国际经贸探索》2018 年第 34 卷第 8 期。

[98] 刘荣增：《共生理论及其在中国区域协调发展中的运用》，载于《工业技术经济》2006 年第 3 期。

[99] 刘瑞、高峰：《"一带一路"战略的区位路径选择与化解传统产业产能过剩》，载于《社会科学研究》2016 年第 1 期。

[100] 刘树成、张晓晶、张平：《实现经济周期波动在适度高位的平滑化》，载于《经济前沿》2006 年第 1 期。

[101] 刘树成：《新中国经济增长 60 年曲线的回顾与展望——兼论新一轮经济周期》，载于《经济学动态》2009 年第 10 期。

[102] 刘星、杨秀台、查德利：《投资环境数量评价方法的比较研究》，载于《重庆大学学报（自然科学版）》1993 年第 4 期。

[103] 刘艳红：《"一带一路"国际产能合作促进包容与可持续的工业化》，载于《经济与管理》2019 年第 33 卷第 4 期。

[104] 刘云：《共生理论视角下"孟中印缅旅游圈"区域旅游合作研究》，载于《学术探索》2013 年第 6 期。

[105] 刘云中、何建武：《中国消费品制造业区域转移的特征研究》，载于《区域经济评论》2020 年第 1 期。

[106] 卢锋：《标本兼治产能过剩》，载于《中国改革》2010 年第 5 期。

[107] 卢现祥：《对中国产能过剩的制度经济学思考》，载于《福建论坛（人文社会科学版）》2014 年第 8 期。

[108] 陆百甫：《治理产能过剩要与"再转移"战略相结合》，载于《中国经济导报》2014 年 3 月 22 日。

［109］陆铭、欧海军：《高增长与低就业：政府干预与就业弹性的经验研究》，载于《世界经济》2011 年第 12 期。

［110］路宁：《中国制造业对外直接投资区位分析》，载于《经贸实践》2017 年第 19 期。

［111］罗雨泽、汪鸣、梅新育、许利平、王义桅、史育龙、王佳宁：《"一带一路"建设的六个"点位"改革传媒发行人、编辑总监王佳宁深度对话六位知名学者》，载于《改革》2015 年第 7 期。

［112］吕铁：《日本治理产能过剩的做法及启示》，载于《求是》2011 年第 5 期。

［113］马光明：《中国外向型劳动密集制造业对外直接投资区位选择研究》，载于《中央财经大学学报》2019 年第 9 期。

［114］马文秀、乔敏健：《"一带一路"国家投资便利化水平测度与评价》，载于《河北大学学报（哲学社会科学版)》2016 年第 41 卷第 5 期。

［115］马新根、孙健东、原江涛、吴林林、张帅、韦钊：《煤炭行业海外投资环境评价体系研究》，载于《煤炭技术》2015 年第 34 卷第 8 期。

［116］马轶群：《技术进步、政府干预与制造业产能过剩》，载于《中国科技论坛》2017 年第 1 期。

［117］马颖、谢莹莹、吴陈：《中国应急产业发展的技术支撑能力评价研究》，载于《科学学研究》2018 年第 36 卷第 3 期。

［118］马勇、何莲：《鄂西生态文化旅游圈区域共生——产业协调发展模式构建》，载于《湖北社会科学》2010 年第 1 期。

［119］马运来：《基于 TOPSIS 法的区域风险投资环境综合评价》，载于《科技管理研究》2007 年第 7 期。

［120］毛其淋、许家云：《中间品贸易自由化提高了企业加成率吗？——来自中国的证据》，载于《经济学（季刊)》2017 年第 16 卷第 2 期。

［121］梅建平：《"一带一路"建设中国际产能合作的国别风险与金融选择》，载于《江西社会科学》2018 年第 38 卷第 6 期。

［122］梅新育：《冷静全面看待国际产能合作》，载于《浙江经济》2015 年第 12 期。

［123］苗玉宁、杨冬英：《基于综合评价方法的中部地区科技资源

配置效率分析》，载于《中国软科学》2020 年第 3 期。

[124] 倪中新、卢星、薛文骏：《"一带一路"战略能够化解中国过剩的钢铁产能吗——基于时变参数向量自回归模型平均的预测》，载于《国际贸易问题》2016 年第 3 期。

[125] 牛峰、窦如婷、郑丹：《"一带一路"中东欧沿线国家电力投资环境研究》，载于《企业经济》2019 年第 9 期。

[126] 戚向东：《中国钢铁行业运行分析及发展态势预测》，载于《冶金管理》2006 年第 3 期。

[127] 曲玥：《中国工业产能利用率——基于企业数据的测算》，载于《经济与管理评论》2015 年第 31 卷第 1 期。

[128] 佘松涛、李丽：《基于主成分法的区域金融投资环境评价》，载于《统计与决策》2013 年第 6 期。

[129] 沈坤荣、钦晓双、孙成浩：《中国产能过剩的成因与测度》，载于《产业经济评论》2012 年第 11 卷第 4 期。

[130] 沈蓉：《拓展上合组织发展路径　促进国际产能合作》，载于《中国科技论坛》2018 年第 11 期。

[131] 盛斌、陈帅：《全球价值链、企业异质性与企业的成本加成》，载于《产业经济研究》2017 年第 4 期。

[132] 盛斌、钱学锋、黄玖立、东艳：《入世十年转型：中国对外贸易发展的回顾与前瞻》，载于《国际经济评论》2011 年第 5 期。

[133] 盛朝迅：《美国化解产能过剩的新经验及启示》，载于《宏观经济管理》2013 年第 8 期。

[134] 时磊：《资本市场扭曲与产能过剩：微观企业的证据》，载于《财贸研究》2013 年第 24 卷第 5 期。

[135] 史恩义、吴彦榕：《OFDI 化解过剩产能的机理及效应研究》，载于《现代经济探讨》2017 年第 10 期。

[136] 史贞：《产能过剩治理的国际经验及对中国的启示》，载于《经济体制改革》2014 年第 4 期。

[137] 宋林、谢伟：《对外直接投资会挤出国内投资吗：地区差异及影响机制》，载于《亚太经济》2016 年第 5 期。

[138] 宋维佳、梁金跃：《"一带一路"沿线国国家风险评价——基于面板数据及突变级数法的分析》，载于《财经问题研究》2018 年第

154

10 期。

[139] Suvalova Yuliya、李鲁奇、孔翔:《土库曼斯坦外商直接投资环境研究》,载于《世界地理研究》2020 年第 2 期。

[140] 苏杭:《"一带一路"战略下中国制造业海外转移问题研究》,载于《国际贸易》2015 年第 3 期。

[141] 孙守恒、王维才:《基于因子分析的城市汽车共享环境评价》,载于《经济地理》2017 年第 37 卷第 6 期。

[142] 孙巍、李何、王文成:《产能利用与固定资产投资关系的面板数据协整研究——基于制造业 28 个行业样本》,载于《经济管理》2009 年第 31 卷第 3 期。

[143] 孙晓华、李明珊:《国有企业的过度投资及其效率损失》,载于《中国工业经济》2016 年第 10 期。

[144] 孙早、刘庆岩:《市场环境、企业家能力与企业的绩效表现——转型期中国民营企业绩效表现影响因素的实证研究》,载于《南开经济研究》2006 年第 2 期。

[145] 孙早、刘庆岩:《市场环境、企业家能力与企业绩效》,载于《经济学家》2006 年第 4 期。

[146] 孙长雄:《中俄产业互补与共生合作的规划研究》,载于《管理世界》2000 年第 1 期。

[147] 孙志红、吕婷婷:《国际产能合作背景下对外直接投资逆向技术溢出效应的地区差异——基于金融门槛效应的考察》,载于《国际商务(对外经济贸易大学学报)》2019 年第 5 期。

[148] 谭秀杰、周茂荣:《21 世纪"海上丝绸之路"贸易潜力及其影响因素——基于随机前沿引力模型的实证研究》,载于《国际贸易问题》2015 年第 2 期。

[149] 唐金荣、张涛、周平、郑人瑞:《"一带一路"矿产资源分布与投资环境》,载于《地质通报》2015 年第 34 卷第 10 期。

[150] 唐晓华、李绍东:《中国装备制造业与经济增长实证研究》,载于《中国工业经济》2010 年第 12 期。

[151] 唐仲霞、马耀峰、肖景义:《基于共生理论的青藏地区入境旅游区域合作研究》,载于《青海民族研究》2012 年第 1 期。

[152] 陶长琪、杨雨晴:《产能利用率对企业国际产能合作决策的影

响研究：来自微观企业的证据》，载于《世界经济研究》2019 年第 3 期。

[153] 田泽、许东梅：《"丝路经济带"背景下中国对中东 OFDI 环境及效应研究》，载于《宁夏社会科学》2016 年第 5 期。

[154] 田泽：《建设"丝路经济带"背景下中国对中东国家投资环境评价研究》，载于《现代经济探讨》2016 年第 1 期。

[155] 仝雪莹、张品先、卢爱珠：《模糊数学在国际投资环境评价中的应用》，载于《石油大学学报（自然科学版）》1997 年第 6 期。

[156] 涂正革、肖耿：《中国的工业生产力革命——用随机前沿生产模型对中国大中型工业企业全要素生产率增长的分解及分析》，载于《经济研究》2005 年第 3 期。

[157] 汪进、尹兴中：《流动性过剩、全球经济再平衡——后危机时代国际经济金融新格局分析》，载于《经济学动态》2010 年第 6 期。

[158] 汪晶晶、马惠兰、唐洪松、冉锦成：《基于 BP 神经网络的中国对外农业投资环境评价》，载于《华东经济管理》2018 年第 32 卷第 6 期。

[159] 汪长明：《"一带一路"倡议的开放性》，载于《国际观察》2018 年第 6 期。

[160] 王兵、於露瑾、杨雨石：《碳排放约束下中国工业行业能源效率的测度与分解》，载于《金融研究》2013 年第 10 期。

[161] 王辉、张月友：《战略性新兴产业存在产能过剩吗？——以中国光伏产业为例》，载于《产业经济研究》2015 年第 1 期。

[162] 王健、惠锐：《化解产能过剩的新思路及对策》，载于《福建论坛（人文社会科学版）》2014 年第 8 期。

[163] 王珺鑫：《"一带一路"倡议下中国—南亚跨境自贸区建设路径》，载于《对外经贸实务》2019 年第 8 期。

[164] 王立国、宋雪：《中国居民消费能力研究——基于化解产能过剩矛盾的视角》，载于《财经问题研究》2014 年第 3 期。

[165] 王明益：《外资异质性、行业差异与东道国技术进步——基于制造业分行业的全参数与半参数估计比较》，载于《财经研究》2014 年第 9 期。

[166] 王文甫：《明娟，岳超云. 企业规模、地方政府干预与产能过剩》，载于《管理世界》2014 年第 10 期。

[167] 王湘蓉、李富：《"一带一路"下中国零售业对东南亚跨境投资战略研究》，载于《商业经济研究》2019 年第 7 期。

[168] 王晓芳、谢贤君、赵秋运：《"一带一路"倡议下基础设施建设推动国际产能合作的思考——基于新结构经济学视角》，载于《国际贸易》2018 年第 8 期。

[169] 王晓丽、杨佩群：《基于共生理论的潮汕区域旅游合作模式研究》，载于《重庆科技学院学报（社会科学版）》2012 年第 23 期。

[170] 王晓姝、孙爽：《创新政府干预方式 治愈产能过剩痼疾》，载于《宏观经济研究》2013 年第 6 期。

[171] 王鑫静、程钰、王建事、丁立：《中国对"一带一路"沿线国家产业转移的区位选择》，载于《经济地理》2019 年第 39 卷第 8 期。

[172] 王元京、叶剑峰：《国内外投资环境指标体系的比较》，载于《经济理论与经济管理》2003 年第 7 期。

[173] 王越：《一带一路主要国家油气投资环境分析与评价》，载于《工业技术经济》2016 年第 35 卷第 9 期。

[174] 王志平：《生产效率的区域特征与生产率增长的分解——基于主成分分析与随机前沿超越对数生产函数的方法》，载于《数量经济技术经济研究》2010 年第 27 卷第 1 期。

[175] 魏爽、郭燕：《中国纺织服装企业对外投资区位评价研究——以巴基斯坦为例》，载于《毛纺科技》2017 年第 45 卷第 3 期。

[176] 温湖炜：《中国企业对外直接投资能缓解产能过剩吗——基于中国工业企业数据库的实证研究》，载于《国际贸易问题》2017 年第 4 期。

[177] 温忠麟、张雷、侯杰泰、刘红云：《中介效应检验程序及其应用》，载于《心理学报》2004 年第 5 期。

[178] 武汉大学"一带一路"研究课题组：《"一带一路"境外经贸合作区可持续发展研究》，载于《社会科学战线》2019 年第 6 期。

[179] 夏先良：《构筑"一带一路"国际产能合作体制机制与政策体系》，载于《国际贸易》2015 年第 11 期。

[180] 夏昕鸣、谢玉欢、吴婉金、朱晟君、贺灿飞：《"一带一路"沿线国家投资环境评价》，载于《经济地理》2020 年第 40 卷第 1 期。

[181] 向洪金：《战略授权、软预算约束与中国国有企业产能过

剩——基于混合寡占竞争模型的理论研究》，载于《广东社会科学》2015 年第 1 期。

[182] 项本武：《对外直接投资对国内投资的影响——基于中国数据的协整分析》，载于《中南财经政法大学学报》2007 年第 5 期。

[183] 项本武：《中国对外直接投资的贸易效应研究——基于 Panel Data 的地区差异检验》，载于《统计与决策》2007 年第 24 期。

[184] 项义军、周宜昕：《新时代推进中国国际产能合作建设：新模式、新机制和新路径》，载于《商业研究》2018 年第 10 期。

[185] 肖东生、石青：《基于共生理论的湖南 "3＋5" 城市群区域合作研究》，载于《湖南社会科学》2011 年第 5 期。

[186] 肖进杰、杨文武：《"一带一路" 建设中的制造业产能合作研究》，载于《青海社会科学》2018 年第 6 期。

[187] 肖婷：《中国制造业区域转移研究》，载于《合作经济与科技》2018 年第 8 期。

[188] ［日］小岛清：《对外贸易论》，周宝廉译，南开大学出版社1987 年版。

[189] 谢国娥、许瑶佳、杨逢珉：《"一带一路" 背景下东南亚、中东欧国家投资环境比较研究》，载于《世界经济研究》2018 年第 11 期。

[190] 谢建国：《外商直接投资与中国的出口竞争力——一个中国的经验研究》，载于《世界经济研究》2003 年第 7 期。

[191] 谢守红、甘晨、王庆：《非洲国家投资环境综合评价及空间差异分析》，载于《经济地理》2017 年第 37 卷第 8 期。

[192] 邢佳韵、于汶加、龙涛、华磊、张亚龙、钱孟轩：《"一带一路" 国家黑色金属、有色金属冶炼加工产业合作优选评价》，载于《中国矿业》2017 年第 26 卷第 11 期。

[193] ［美］熊彼特：《经济发展理论》，邹建平译，中国画报出版社 2012 年版。

[194] 徐菁、陈恩棋：《甘肃省主要工业产能利用率与适度产能测度分析》，载于《西北民族大学学报（哲学社会科学版）》2014 年第 5 期。

[195] 许善达：《新时代科技发展在中国国际关系战略中的地位》，载于《经济导刊》2018 年第 7 期。

[196] 薛军、苏二豆：《对外绿地投资与中国企业产能利用率研

究——基于中国 A 股上市企业的实证分析》，载于《亚太经济》2019
年第 3 期。

[197] 薛平平、张为付：《中国粮油加工业产能过剩：特征与化解路
径》，载于《湖南农业大学学报（社会科学版）》2019 年第 20 卷第 1 期。

[198] 薛求知、帅佳旖：《制度距离、经验效应与对外直接投资区
位选择——以中国制造业上市公司为例》，载于《中国流通经济》2019
年第 33 卷第 8 期。

[199] 闫晶晶、沙景华：《中国矿业外商投资环境评估体系研究》，
载于《中国矿业》2006 年第 12 期。

[200] 严佳佳、林毓鑫、何睿清：《东道国需求与中国对外投资区
位选择——基于"一带一路"沿线国家的定量研究》，载于《华东经济
管理》2020 年第 2 期。

[201] 杨海恩：《基于 AHP 的中国石油企业海外投资环境评价》，
载于《经济问题》2013 年第 3 期。

[202] 杨莉莉、邵帅、曹建华、任佳：《长三角城市群工业全要素
能源效率变动分解及影响因素——基于随机前沿生产函数的经验研究》，
载于《上海财经大学学报》2014 年第 16 卷第 3 期。

[203] 杨水利、叶妍、吕祥：《中国与南亚制造业产能合作共生关
系研究》，载于《未来与发展》2018 年第 42 卷第 5 期。

[204] 杨雅琳：《中国制造业对外直接投资现状及对策研究》，载
于《全国流通经济》2019 年第 5 期。

[205] 杨振兵、张诚：《中国工业部门产能过剩的测度与影响因素
分析》，载于《南开经济研究》2015 年第 6 期。

[206] 杨振兵：《对外直接投资、市场分割与产能过剩治理》，载
于《国际贸易问题》2015 年第 11 期。

[207] 杨振兵：《有偏技术进步视角下中国工业产能过剩的影响因
素分析》，载于《数量经济技术经济研究》2016 年第 33 卷第 8 期。

[208] 殷保达：《中国产能过剩治理的再思考》，载于《经济纵横》
2012 年第 4 期。

[209] 余东华、吕逸楠：《政府不当干预与战略性新兴产业产能过
剩——以中国光伏产业为例》，载于《中国工业经济》2015 年第 10 期。

[210] 余官胜、杨文：《中国企业对外直接投资是促进还是挤出国

内投资——影响机理与实证检验》，载于《国际商务（对外经济贸易大学学报）》2014 年第 6 期。

［211］袁纯清：《共生理论：兼并小型经济》，经济科学出版社1998 年版。

［212］袁纯清：《金融共生理论与城市商业银行改革》，商务印书馆 2002 年版。

［213］原小能：《国际产业转移规律和趋势分析》，载于《上海经济研究》2004 年第 2 期。

［214］苑承丽：《"一带一路"背景下东南亚、中东欧国家投资环境比较研究》，载于《学术交流》2019 年第 1 期。

［215］岳侠、钱晓萍：《中亚五国投资环境比较研究：中国的视角》，载于《亚太经济》2015 年第 2 期。

［216］曾海鹰、陈琭婧：《泰国直接投资环境分析与评价——基于主成分分析法的比较研究》，载于《东南亚纵横》2013 年第 2 期。

［217］张碧琼、田晓明：《中国对外直接投资环境评估：综合评分法及应用》，载于《财贸经济》2012 年第 2 期。

［218］张彬、何进渊：《中国 OFDI 区位选择影响因素的实证分析——基于"一带一路"沿线 61 个国家的面板数据》，载于《上海立信会计金融学院学报》2019 年第 5 期。

［219］张春光、满海峰：《"一带一路"沿线国家投资环境的综合评价与比较——基于不同类型经济体的实证研究》，载于《金融与经济》2018 年第 2 期。

［220］张洪、梁松：《共生理论视角下国际产能合作的模式探析与机制构建——以中哈产能合作为例》，载于《宏观经济研究》2015 年第12 期。

［221］张建华：《上海自贸区服务"一带一路"倡议：基于国情的制度创新》，载于《上海对外经贸大学学报》2019 年第 26 卷第 3 期。

［222］张军：《中国开展国际产能合作恰逢其时》，载于《人民日报》2015 年 6 月 18 日。

［223］张理娟、张晓青、姜涵、刘畅：《中国与"一带一路"沿线国家的产业转移研究》，载于《世界经济研究》2016 年第 6 期。

［224］张明：《中国海外投资国家风险评级报告》，中国社会科学

出版社 2019 年版。

[225] 张倩肖、董瀛飞:《渐进工艺创新、产能建设周期与产能过剩——基于"新熊彼特"演化模型的模拟分析》,载于《经济学家》2014 年第 8 期。

[226] 张琼、张珂、杨晓龙、董秀成:《"一带一路"沿线国家油气投资环境评价研究》,载于《价格理论与实践》2018 年第 4 期。

[227] 张少华、蒋伟杰:《中国的产能过剩:程度测算与行业分布》,载于《经济研究》2017 年第 52 卷第 1 期。

[228] 张少军:《外包造成了经济波动吗?——来自中国省级面板的实证研究》,载于《经济学(季刊)》2013 年第 12 卷第 2 期。

[229] 张晓晶:《化解产能过剩更要注重供给管理》,载于《求是》2014 年第 1 期。

[230] 张协奎、刘伟:《中国—东盟产能合作:成绩、问题与对策》,载于《商业研究》2018 年第 10 期。

[231] 张欣:《辽宁省高端装备制造业国际产能合作路径研究》,载于《特区经济》2016 年第 1 期。

[232] 张永安、马昱:《基于熵权 TOPSIS 法的区域技术创新政策评价研究》,载于《科技管理研究》2017 年第 37 卷第 6 期。

[233] 张跃、王图展、刘莉:《比较优势、竞争优势与区域制造业转移》,载于《当代经济学》2018 年第 40 卷第 6 期。

[234] 张政、邱力生:《中国对外投资的国际政治经济环境评价》,载于《河南社会科学》2017 年第 25 卷第 2 期。

[235] 赵宝福、黄振国:《中国煤炭产业产能利用率估算与演变特征研究》,载于《统计与信息论坛》2014 年第 29 卷第 9 期。

[236] 赵蜀蓉、杨科科、谭梦涵、龙林岸:《中非国际产能合作面临的风险与对策研究》,载于《经济问题》2019 年第 4 期。

[237] 郑明贵、谢为:《海外铁矿资源开发投资环境评价模型与应用》,载于《矿业研究与开发》2014 年第 34 卷第 4 期。

[238] 中国人民银行营业管理部课题组、杨国中、李宏瑾:《基于生产函数法的潜在产出估计、产出缺口及与通货膨胀的关系:1978—2009》,载于《金融研究》2011 年第 3 期。

[239] 钟春平、潘黎:《"产能过剩"的误区——产能利用率及产能

过剩的进展、争议及现实判断》，载于《经济学动态》2014 年第 3 期。

［240］周劲、付保宗：《产能过剩的内涵、评价体系及在中国工业领域的表现特征》，载于《经济学动态》2011 年第 10 期。

［241］周劲、付保宗：《工业领域产能过剩形成机制及对策建议》，载于《宏观经济管理》2011 年第 10 期。

［242］周劲：《产能过剩的概念、判断指标及其在部分行业测算中的应用》，载于《宏观经济研究》2007 年第 9 期。

［243］周凯锋、秦德先、蒋素梅、伍伟、杨晓坤：《可拓学理论在国外矿业投资环境评价中的应用》，载于《金属矿山》2009 年第 2 期。

［244］周明、王满仓：《全球化背景下的财政危机风险分析与中国对外投资的启示》，载于《经济问题探索》2019 年第 4 期。

［245］朱俊成：《基于共生理论的区域合作研究——以武汉城市圈为例》，载于《华中科技大学学报（社会科学版）》2010 年第 3 期。

［246］朱钟棣、李小平：《中国工业行业资本形成、全要素生产率变动及其趋异化：基于分行业面板数据的研究》，载于《世界经济》2005 年第 9 期。

［247］祝树金、张鹏辉：《出口企业是否有更高的价格加成：中国制造业的证据》，载于《世界经济》2015 年第 38 卷第 4 期。

［248］宗良：《加快推进经济增长模式转换实现新常态下可持续发展》，载于《金融时报》2015 年 7 月 27 日。

［249］Ahmdajina V. Symbiosis, *An Introduction to Biological Association*. Englana：University Press of New England, 1986.

［250］A. Marshall, *Principles of Economics*. London：Macmillan, 1890.

［251］A. M. Shaikh and J. K. Moudud, *Measuring Capacity Utilization in OECD Countries：A Cointegration Method*. The Levy Economics Institute of Bard College Working Paper, 2004, pp. 415.

［252］B. A. Blonigen, A Review of the Empirical Literature on FDI Determinants. *Atlantic Economic Journal*, Vol. 33, No. 4, 2005, pp. 383 – 403.

［253］B. Kogut and S. J. Chang, Technological Capabilities and Japanese Foreign Direct Investment in the United States. *The Review of Economics and Statistics*, Vol. 73, No. 3, 1991, pp. 401 –413.

[254] C. J. Morrison, On the Economic Interpretation and Measurement of Optimal Capacity Utilization with Anticipatory Expectations. *The Review of Economic Studies*, Vol. 52, No. 2, 1985, pp. 295 – 309.

[255] C. L. Hwang and K. Yoon, *Multiple Attribute Decision Making Methods and Applications*. Heidelberg: Springer, 1981.

[256] D. J. Aigner, C. A. Lovell, P. Schmidt, et al. , Formulation and Estimation of Stochastic Frontier Production Function Models. *Journal of Econometrics*, Vol. 6, No. 1, 1977, pp. 21 – 37.

[257] E. Chamberlin, *The Theory of Monopolistic Competition*. Cambridge: Harvard University Press, 1933.

[258] E. Helpman, M. J. Melitz, S. R. Yeaple, et al. , Export versus FDI with Heterogeneous Firms. *The American Economic Review*, Vol. 94, No. 1, 2004, pp. 300 – 316.

[259] E. R. Berndt and C. J. Morrison, Capacity Utilization Measures: Underlying Economic Theory and an Alternative Approach. *The American Economic Review*, Vol. 71, No. 2, 1981, pp. 48 – 52.

[260] E. Tomiura, Foreign Outsourcing, Exporting, and FDI: A Productivity Comparison at the Firm Leve. *Journal of International Economics*, Vol. 72, No. 1, 2007, pp. 113 – 127.

[261] G. A. Carofalo and D. M. Malhotra, Regional Measures of Capacity Utilization in the 1980s. *Review of Economics and Statistics*, Vol. 79, No. 3, 1997, pp. 415 – 421.

[262] G. Blalock and P. J. Gertler, Learning from Exporting Revisited in A Less Developed Setting. *Journal of Development Economics*, Vol. 75, No. 2, 2004, pp. 397 – 416.

[263] G. V. Stevens and R. E. Lipsey, Interactions between Domestic and Foreign Investment. *Journal of International Money and Finance*, Vol. 11, No. 1, 1992, pp. 40 – 62.

[264] I. A. Litvak and P. M. Banting, *A Conceptual Framework for International Business Arrangement*. Marketing and the New Science of Planning, 1968.

[265] I. Kolstad and A. Wiig, Chinese Investment in Sadc: A Global

Perspective. *Journal of Ritsumeikan Geographical Society*, Vol. 9, No. 20, 2009, pp. 57 –70.

[266] J. A. Schumpeter, *Theory of Economic Development: An Inquiry into Profits, Capital, Credit, Interest and the Business Cycle.* Cambridge: Harvard University Press, 1934.

[267] J. Blazquezlidoy, J. Rodriguez and J. Santiso, *Angel or Devil? China's Trade Impact on Latin American Emerging Markets.* OECD Development Centre Working Paper, 2006, pp. 1 –54.

[268] J. E. Kirkley, C. J. Paul, D. Squires, et al. , Capacity and Capacity Utilization in Common – pool Resource Industries. *Environmental and Resource Economics*, Vol. 22, No. 1 –2, 2002, pp. 71 –97.

[269] J. Levinsohn and A. Pertrin, Estimating Production Function Using Inputs to Control for Observables. *Review of Economic Studies*, Vol. 70, No. 2, 2003, pp. 317 –324.

[270] J. R. Markusen, The Boundaries of Multinational Enterprises and the Theory of International Trade. *Journal of Economic Perspectives*, Vol. 9, No. 2, 1995, pp. 169 –189.

[271] K. Ballard and J. Roberts, *Empirical Estimation of the Capacity Utilization Rates of Fishing Vessels in 10 Major Pacific Coast Fisheries.* Washington: National Marine Fisheries Service, 1977.

[272] K. Head and J. Ries, Inter – City Competition for Foreign Investment: Static and Dynamic Effects of China's Incentive Areas. *Journal of Urban Economics*, Vol. 40, No. 1, 1996, pp. 38 –60.

[273] K. Helali, M. Siala, M. Kalai, et al. , Primal and Dual Economic Measures of Capacity Utilization in Tunisia. *International Journal of Economics and Finance*, Vol. 5, No. 7, 2013, pp. 145.

[274] K. Kojima, *Direct Foreign Investment: A Japanese Model of Multinational Business Operations.* London: Croom Helm, 1978.

[275] K. Kojima, Direct Foreign Investment to Developing Countries: The Issue of Over – Presence. *Hitotsubashi Journal of Economics*, Vol. 19, No. 1, 1978, pp. 1 –15.

[276] K. K. Viswanathan, I. H. Omar, Y. Jeon, et al. Fishing Skill in

Developing Country Fisheries: The Kedah, Malaysia Trawl Fishery. *Marine Resource Economics*, Vol. 16, No. 4, 2001, pp. 293 – 314.

[277] K. R. Sharma and P. Leung, Technical Efficiency of the Longline Fishery in Hawaii: An Application of a Stochastic Production Frontier. *Marine Resource Economics*, Vol. 13, No. 4, 1998, pp. 259 – 274.

[278] K. Segerson and D. Squires, Capacity Utilization under Regulatory Constraints. *The Review of Economics and Statistics*, Vol. 75, No. 1, 1993, pp. 76 – 85.

[279] K. Segerson and D. Squires, On the Measurement of Economic Capacity Utilization for Multi – Product Industries. *Journal of Econometrics*, Vol. 44, No. 3, 1990, pp. 347 – 361.

[280] L. R. Klein, Some Theoretical Issues in the Measurement of Capacity. *Econometrica*, Vol. 28, No. 2, 1960, pp. 272.

[281] L. R. Klein and R. S. Preston, Some New Results in the Measurement of Capacity Utilization. *The American Economic Review*, Vol. 51, No. 1, 1967, pp. 34 – 58.

[282] M. A. Desai, C. F. Foley, K. J. Forbes, et al., A Multinational Perspective on Capital Structure Choice and Internal Capital Markets. *Journal of Finance*, Vol. 59, No. 6, 2004, pp. 2451 – 2487.

[283] M. A. Desai, C. F. Foley, K. J. Forbes, et al., Financial Constraints and Growth: Multinational and Local Firm Responses to Currency Crises. *National Bureau of Economic Research*, Vol. 21, No. 6, 2004, pp. 2857 – 2888.

[284] M. Feldstein, Taxes, Leverage and the National Return on Outbound Foreign Direct Investment. *National Bureau of Economic Research*, 1994.

[285] M. F. Foss, The Utilization of Capital Equipment: Postwar Compared with Prewar. *Survey of Current Business*, Vol. 43, 1963, pp. 8 – 16.

[286] M. I. Kamien and N. L. Schwartz, Uncertain Entry and Excess Capacity. *The American Economic Review*, Vol. 62, No. 5, 1972, pp. 918 – 927.

[287] M. L. Petit and B. Tolwinski, Technology Sharing Cartels and

Industrial Structure. *International Journal of Industrial Organization*, Vol. 15, No. 1, 1996, pp. 77 – 101.

[288] N. Madariaga and S. Poncet, FDI in Chinese Cities: Spillovers and Impact on Growth. *The World Economy*, Vol. 30, No. 5, 2007, pp. 837 – 862.

[289] N. Vestergaard, D. Squires, J. E. Kirkley, et al., Measuring Capacity and Capacity Utilization in Fisheries: The Case of the Danish Gill – net Fleet. *Fisheries Research*, Vol. 60, No. 2, 2003, pp. 357 – 368.

[290] R. A. Mundell, International Trade and Factor Mobility. *American Economic Review*, Vol. 47, No. 3, 1957, pp. 321 – 335.

[291] R. E. Caves, International Corporations: The Industrial Economics of Foreign Investment. *Economica*, Vol. 38, No. 149, 1971, pp. 1 – 27.

[292] R. Fare, S. Grosskopf, E. C. Kokkelenberg, et al., Measuring Plant Capacity, Utilization and Technical Change: A Nonparametric Approach. *International Economic Review*, Vol. 30, No. 3, 1989, pp. 655 – 666.

[293] R. G. Felthoven, Effects of the American Fisheries Act on Capacity, Utilization and Technical Efficiency. *Marine Resource Economics*, Vol. 17, No. 3, 2002, pp. 181 – 205.

[294] R. J. Gordon, 45 Billions of U. S. Private Investment Has Been Mislaid. *The American Economic Review*, Vol. 59, No. 3, 1969, pp. 221 – 238.

[295] R. Martin and P. Sunley, Slow Convergence? The New Endogenous Growth Theory and Regional Development. *Economic Geography*, Vol. 74, No. 3, 1998, pp. 201 – 227.

[296] R. M. Baron and D. A. Kenny, The Moderator – mediator Variable Distinction in Social Psychological Research: Conceptual, Strategic, and Statistical Considerations. *Journal of Personality and Social Psychology*, Vol. 51, No. 6, 1986, pp. 1173 – 1182.

[297] R. Solow, Technical Progress, Capital Formation, and Economic Growth. *American Economic Review*, Vol. 52, No. 2, 1962, pp. 76 – 86.

[298] R. Vernon, International Investment and International Trade in the Product Cycle. Quarterly *Journal of Economics*, Vol. 80, No. 2, 1966,

pp. 190 – 207.

[299] R. Wakasugi and T. Natsuhara, Productivity and FDI of Taiwan Firms: A Review from A Nonparametric Approach [D]. RIETI Discussion Paper Series, 2012, 12 (033).

[300] S. R. Yeaple, Firm Heterogeneity and the Structure of U. S. Multinational Activity. *Journal of International Economics*, Vol. 78, No. 2, 2009, pp. 206 – 215.

[301] T. Kompas and T. N. Che, Efficiency Gains and Cost Reductions from Individual Transferable Quotas: A Stochastic Cost Frontier for the Australian South East Fishery. *Journal of Productivity Analysis*, Vol. 24, No. 3, 2005, pp. 285 – 307.

[302] T. Mayer and G. I. Ottaviano, The Happy Few: The Internationalisation of European Firms New Facts Based on Firm – Level Evidence. *Sciences Po publications*, 2007.

[303] W. A. Lewis, *The Evolution of the International Economic Order.* Princeton: Princeton University Press, 1978.

[304] W. Meeusen and J. V. Den Broeck, Efficiency Estimation from Cobb – Douglas Production Functions with Composed Error. *International Economic Review*, Vol. 18, No. 2, 1977, pp. 435 – 444.

[305] World Bank, Round – tripping of Capital Flows Between China and Hong Kong. *Global Development Finance*, No. 41, 2002.

167